最強の暗記術

あらゆる試験・どんなビジネスにも効く
「勝利のテクニック」

本山勝寛

JN083682

大和書房

あらゆる試験に受かり これからのビジネスにも役立つ 「最強の暗記術」

　塾や語学スクールにもいかずに、東大とハーバード大学院を卒業し、英語や韓国語を習得したという私の経歴を見ると、さぞかしもともと暗記が得意な人なんだなと思うかもしれません。

　しかし、正直言いますと、私は暗記が決して得意なほうではなく、どちらかというと嫌いでした。

　学校の勉強では、単純に知識を覚えるだけの暗記科目が好きではなかったので、自分で考えて問題を解く数学が好きで理系に進みました。

　でも、東大に行きたい、ハーバードで勉強したいと思い、その目標を実現するためには、どうしても試験科目である古典や世界史を暗記したり、英語を暗記したりしなければならない場面に遭遇しました。

　そんなとき、嫌いだった暗記作業を、いかにして効果的に、継続してできるかを考えて、試行錯誤を繰り返しながら編み出したのが「最強の暗記術」です。

ですので、決して特別な才能がある人だけが実践できる暗記術ではなく、暗記が嫌いで苦手だった人も、これさえ実践すればどんなことでも暗記できるようになる王道の暗記術だといえます。**ごく普通の人でも、難関大学に合格できたり、語学をマスターできたり、その他あらゆる試験を突破する力を手にすることができるのです。**

✏ 暗記は試験だけでなく「生涯の武器」になる

　さらに、東大・ハーバード受験の際に編み出した暗記術を、ビジネスの場面でも応用することで、仕事としても確実に成果を出す方法が分かってきました。

　その多くはアウトプットの場面ですが、暗記術は知識を蓄えるインプットだけではなく、知識を発信したり、アイデアとして活用したりするアウトプットとしても有効なのです。時代の変化によって、アウトプット暗記術の重要性は増していくでしょう。
　暗記は決して受験のときだけに必要な一時的なスキルではなく、人生のあらゆる場面で使える汎用性の高い一生モノのスキルなのです。
　そして、様々な場面で使える暗記術を、長い生涯にわたって実践・活用し続ければ、あらゆる目標を達成し、夢を実現させる力を得ることができるようになるのです。

「最強の暗記術」を実践すれば

Before たくさんの教材を買って、
目の前の試験をただガムシャラに挑み消耗する……

↓

After 最低限の教材で、効率的に楽しく勉強ができ、
あらゆる試験を突破する確かな力がつく!

Before 一度覚えたはずのことが
1か月後にはもう忘れてしまっている……

↓

After しっかり記憶が定着して、
脳内に知見として蓄積され長期的に覚えられる!

Before 本を読んでも覚えられない……
仕事や日常会話に生かすことができない……

↓

After 本の情報が自分のなかの「引き出し」となり、
ビジネスからプライベートまで効果的に使える!

目標も夢も実現させる
一生モノの「暗記力」が身につく!

✎ これからの時代にも「暗記力」が必要なワケ

そもそも人類は暗記の進化とともに発展してきました。
「世界四大文明」という言葉が記憶のどこかに残っている人は少なくないでしょう。それもそのはず。中学校の社会の授業で習った概念だからです。

メソポタミア文明、エジプト文明、インダス文明、黄河文明の世界の四つの地域で発達していった文明のことを指します。

世界四大文明のいずれも、それぞれの地域にある大河の川沿いで、豊かな水と肥沃な土壌のある環境で農耕や牧畜が発達したといわれています。

そして、ここでもう一つの重要な要素が、「文字が使われた」という点です。

人類の歴史を紐解くと、文字の発明は非常に重要なターニングポイントとなりました。

それまでの人類は、人生を通して修得した役立つ情報やノウハウなどの蓄積や伝達をすべて「暗記」に頼っていました。誰かの脳に記憶されなければ、せっかく得られた知識もなかったことになってしまっていたのです。

それが文字の発明によって、知識や情報が記録されるようになり、一人ひとりの暗記を補完する蓄積機能を持

つようになり、また口伝え以外に情報を伝達する手段を得るようになったわけです。

　人類は、さらに新しい知識の獲得に乗り出すことができ、より優先度の高い情報の暗記に集中することができるようになりました。さらに、暗記をするために他人に頼らなくても、文字から暗記する手段を得たわけです。それまでの村レベルの共同体が、巨大な文明へと大きく発展していったターニングポイントです。人類史は、「先史時代」から「歴史時代」へと転換したのです。

　翻って今日。使われる文字は幾度となく変遷がありましたが、文字の使用そのものは変わっていません。

　大きく変化したのは、文字を刻印する媒体が、粘土板や紙、印刷物だけでなく、電子媒体に拡大したことと、それにより文字を使った情報の検索機能が飛躍的に伸びたという点です。

　人類は、どこにいても必要な情報を瞬時に検索して入手できる手段を手に入れました。

　その結果、これからの時代は、暗記をしなければならない「量」は格段に減っていくことが予測されます。

　また、人工知能（AI）の発達により、自分が検索しなくても AI が的確な情報を見つけ出したり、処理したり、動作を指示したりするようになる時代がきています。

　では、暗記は必要なくなるのでしょうか？

決してそうはならないでしょう。

一つは、時代の変化というのはゆるやかに起こるからです。世の中で行われる試験と呼ばれるものは、基本的には検索機能を使わずに暗記が試されるものが、まだしばらくは続くことが予想されます。

語学一つとっても、自動翻訳や自動通訳の技術は発展してきていますが、まだドラえもんのほんやくコンニャクのようにはいきません。語学を暗記して修得し、瞬時に通翻訳できる能力がしばらくは求められます。

従来の意味での暗記力であり、基本的には外にあった情報を自分の脳にインプットする作業です。

これを本著では〈暗記1.0〉として整理しています。

そして、暗記が必要であり続けるもう一つ重要な理由があります。

技術革新によって必要な暗記の「量」が減っていったとしても、暗記の「質」は今まで以上に試されることになるからです。

誰でも簡単に検索できる時代になったからこそ、暗記力をどう活用し、アウトプットするのか、ビジネスや新しい学び、生活の向上にどう活かすのかがより問われてきます。

どんなキーワードを自分の引き出しに持っていて、そ

れを増やしていくのか。得られた情報と自らが暗記していた他の情報を統合することで、どのような知見を生み出すことができるのか。試験以外の場面、たとえばプレゼンテーションやスピーチ、ビジネス交渉、面接、質疑応答などで、どのように暗記力をアウトプットとして高められるかが問われます。

こういった、ビジネスや様々な場面で効果を発揮するアウトプットのための暗記を、本著では〈暗記2.0〉という新たな概念で整理しました。

従来の〈暗記1.0〉もまだまだ求められます。暗記をバカにするものは暗記に泣くでしょう。

しかし、従来の意味での暗記だけが得意で、試験だけ点数が取れるという人材は段々必要とされなくなります。従来の意味での暗記を過信する人も、暗記に泣くことになるでしょう。

〈暗記1.0〉を効果的に修得したうえで、それを戦略的に成果としてアウトプットにしていく〈暗記2.0〉の両方を兼ね備えなければなりません。

そして、〈暗記2.0〉の力を伸ばすことで、実は〈暗記1.0〉の意味付けが強まり、モチベーションが高まります。ただ覚えさせられるという苦痛の作業から、夢や目標を叶えるための楽しい暗記に転換していくのです。

〈暗記1.0〉と〈暗記2.0〉を組み合わせ、長期的な戦略を持って夢を叶えるための暗記術を本著では〈暗記3.0〉としています。

　〈暗記1.0〉から〈暗記2.0〉へ、そして〈暗記3.0〉へと進化させ、夢を叶える「最強の暗記術」を実践してみてください。

暗記1.0
情報のインプットを中心とした学び

暗記2.0
インプットした情報を
戦略的にアウトプットする学び

暗記3.0
夢・目標を実現するための長期的な学び

Contents

最強の暗記術
あらゆる試験・
どんなビジネスにも効く
「勝利のテクニック」

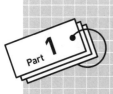

〈暗記1.0〉
あらゆる試験を
突破する
最強の暗記術

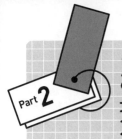

Part 2

〈暗記2.0〉
どんなビジネスにも効く
最強の
アウトプット型暗記術

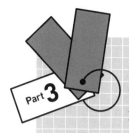

Part 1 〈暗記1.0〉

あらゆる試験を突破する

最強の
暗記術

テクニックを学ぶ前に 「この基本」が超重要

　暗記力というと、生まれつき備わった能力で決まってしまっているものというイメージを持っている人も多いでしょう。この考え方は間違いだといえます。

　暗記力は生まれつき備わっていて、ずっと固定化されているわけではありません。

　暗記力は鍛えれば鍛えるほど高められる能力です。

　さらに、暗記のコツやポイント、効果的な手法があります。そういった暗記術を修得することで、暗記力は飛躍的に高めることができるのです。

　しかし、ここで強調しておきたいのは、やみくもに何でもかんでも暗記するのではなく、暗記にも戦略とプランニングが大切であるということです。

　「何を、どのように、どんな計画で暗記するか」が実はとても重要なのです。

　人間は人生のなかで常に多くの情報にさらされています。インターネットの発達により、その情報量は莫大に拡大しています。その無尽蔵な情報を、自分の脳のなか

にすべて暗記することはできませんし、その必要もありません。

　必要なものを必要なタイミングで、より効果的に暗記して、それを実際のアウトプットとして最大限にいかす、あるいは長期記憶の引き出しに整理して蓄積するというような暗記戦略が問われてきます。

　ですから、ただ漠然と記憶力を高めたい、暗記術をマスターしたいと思っているだけではだめです。

　暗記術を何のために、どのように役立たせたいのかを明確にすることで、実践的な暗記力を高める効果を発揮できます。

　試験に合格したい。語学をマスターしたい。営業成績を高めたい。プレゼンが上手になりたい。何でもよいです。まずは目的を明確にしてみてください。

　そして、明確な暗記目標を立てます。

　英単語 1000 単語を 3 ヶ月間で暗記する、10 分間のスピーチ原稿を 1 週間で暗記するなど、「具体的なゴール」と、「達成期日」まで設定できるのがよいです。

　暗記の始まりは、強烈に覚えたいと思うことです。

　暗記の対象物への集中が、一つひとつの暗記力を高めます。

　暗記の目的を明確にしておくことで、より効果的な

暗記戦略とプランニングが可能になります。明日のプレゼンに間に合わせたいのか。1週間後の試験なのか。1年後の語学資格なのか。ゴールと期日によって、暗記戦略は変わってきます。

暗記の具体的なコツやテクニックはありますし、本著でもそれらを一つひとつ紹介していきますが、**まずは戦略と計画をしっかりと立てることが暗記を成功させるための大事な「基本」なのです。**

✏️ 1年で東大合格するための戦略と計画

私が東大受験をしたときは「1年後に東大に合格する」という期日と明確なゴールが決まっていました。

そこで、**東大に合格するために、何を、どのタイミングで、どのくらいすればよいのか計画を立てるために、東大合格体験記を何度も精読して分析し、自分に合った戦略を立てました。**

たとえば、東大はセンター試験も高得点が必要ですが、センターよりも二次試験のほうが、配点が高く重要視されます。東大理系の二次試験には、数学、理科（私の受験科目は物理と化学）、英語、国語があり、数理英の得点配分が大きいです。

当然、その3科目を重視して勉強時間も投入しました。

単語や文法など暗記量の多い英語はコツコツと毎日短

時間でも継続して繰り返し、数学、物理、化学の理数系
は、公式などの暗記すべき量自体は比較的少ないので、
暗記そのものは早い段階で集中的に済ませてしまい、よ
り実践的な問題集をたくさんこなすようにしたのです。

　また、センター試験だけでしかやらない社会は、私の
場合は世界史を選択しましたが、二次試験ではなくマー
ク式のセンター試験であれば、純粋な暗記で高得点を狙
えることが分かっていたので、短期集中の暗記術でのぞ
みました。
　具体的には、センター試験1ヶ月前の12月まで、学
校の授業とテスト勉強以外は、ほとんど世界史の対策は
行わず、冬休みに入ったと同時に、世界史を集中的に行
い、センター試験の過去問や模擬試験を集中的に解き、
暗記を行いました。二次試験には世界史がないので、長
期記憶に定着しなくても、短期記憶でセンターさえ乗
り切ればよいというくらいの割り切りで、10日間から
2週間ほどの短期集中の暗記術で、世界史は100点満点
中98点を取得できました。
　こうして優先度の低い科目には暗記の期間をあまりか
けなかったことで、1年間の受験勉強でも、より優先度
の高い科目の勉強時間を十分に確保することができたの
です。
　目的に合わせて、暗記のタイミングや方法を選ぶこと

も、暗記戦略の一つです。

　本著を手に取った読者は、暗記術を実践したい何らかの目的があるはずです。その目的をより明確にしてみてください。そのうえで本著を読み進めていくと、よりクリアな視界が開けるでしょう。

ポイント　目的があるなら「具体的なゴール」と「達成期日」を設定しよう！
暗記力を格段に高めます。

楽しい
「暗記の成功体験」を
積み重ねる

　暗記にはたくさんの具体的な方法があります。それら
を実践することも重要なのですが、その前に暗記をする
うえでとても大切な「姿勢」があります。

　それは自分が暗記を得意だと思い込むことです。

　**「どんなことでも暗記しようと思えば暗記できる」とい
う気持ちを持っているか持っていないかで、暗記の成功
は左右されます。**

　自分は暗記が苦手で、ほんとうに覚えられるかどうか
分からないという不安な気持ちでは、結局続かないので
暗記に成功しないのです。暗記に対する自信が継続への
力となり、最終的に暗記を成功に導きます。

　では、どうすれば暗記は得意だと自信を持つことがで
きるのでしょうか。

　それは楽しい暗記の成功体験を積み重ねることです。

　勉強でなくても、どんなことでも、何かを完全に暗記
したという成功体験を持つことで、暗記に対して、やれ
ばできるというイメージを持つことができます。

　ＡやＢに関することでも暗記できたのだから、これ

まで知らなかったＣでも、本気を出せば暗記できる、という気持ちになれることが実は大事なのです。

　自分が好きなことであれば、驚くほどの暗記力を発揮しないでしょうか。

　たとえば、好きなスポーツチームの選手名とか、キャラクターの名前とか、曲の歌詞とかです。

　私は子どもの頃、プロ野球の中日ドラゴンズが好きでしたが、選手の名前はもちろんのこと、打率やホームラン、打点などをこと細かくチェックして自然と覚えていました。あるいは、歌手ではザ・ブルーハーツが好きですが、ほぼすべての曲の歌詞を覚えて歌えるようになりました。

打率 .328
本塁打 52
打点 155

私は勉強における暗記は好きではないし、得意でもないと思っていたのですが、大学受験の際に自らの勉強法を開発し確立しようとしたときに、先のような楽しい暗記を成功させてきたということを思い出したのです。

　そして、自分は暗記もやればできるというイメージを持ってのぞむことができるようになりました。

　好きなこと、楽しいことでよいので、とことん覚えて暗記するという成功体験を重ねることで、「自分は暗記しようと思えば暗記できる」という感覚を持てます。

　多くの人は、自分の趣味と勉強を完全に切り離して考えて、勉強への嫌なイメージから、暗記は苦手という固定観念を持っています。その固定観念をなくして、「暗記が得意な自分」のイメージと自信を持つようにします。

　そのために、まずは好きなことや得意なことで、楽しく暗記する成功体験を積み重ねます。好きな歌手、タレント、食べ物、スポーツ、映画、マンガ、なんでもよいです。マニアになりきってとことん暗記してみてください。

　既にそういった成功体験があるなら、自分は暗記が得意という自信を持ってください。

ポイント 誰もが「好きなこと」に対しては
暗記できているもの。
自信を持って暗記に挑もう!

1回じっくりよりも
サラッと7回繰り返す

　暗記のコツは何度も繰り返すことです。

　よくある暗記の間違いは、一度ですべてを100%覚えようとしてしまうことで、一つに時間をかけすぎてしまい、繰り返しができなくなってしまうことです。

　人間は忘れる生き物です。基本的には、時間がたつと一度記憶したものも忘れます。

　一度にすべて覚えようとすることにこだわると、忘れてしまったことに落ち込んで、自信を失ってしまいます。「自分は記憶力がない」と思い込んでしまうと、これ以上やってもムダなのではないかと不安になり、暗記するという作業自体をストップしてしまいがちになります。実は、多くの人が勉強が続かない理由、暗記が最後まで達成できない理由は、ここにあるのです。

　まずは、「1回ですべて覚えないといけない」、「忘れてはいけない」という固定観念を取り除くことからです。「忘れてもいい。何度も繰り返すのだから、忘れてもまた暗記すればいずれ定着する」という割り切りが、実は暗

記を続けて、最後まで達成するために大切なのです。

✏ 繰り返しは「長期記憶」定着のカギ

記憶には、短期記憶と長期記憶があります。

人間の脳には一時的にその情報を保存するための記憶装置があり、そこに保存されたものを短期記憶といいますが、しばらくすると忘却してしまいます。

一方で、脳の別の部分には、その情報が繰り返されることによって重要な情報であるかを判断し、長期記憶に移すという機能があります。

この脳の特性のために、暗記作業は一度きりですべてを完璧に覚えようとしても、数週間もすると忘れてしまいます。数日間のみ短期記憶に保存できたとしても、長期記憶には残らないのです。

逆に、**1回で完璧に覚えられなかったとしても、何度も繰り返してその情報をインプットするほうが長期記憶に定着しやすい**のです。

私の経験や他の難関試験を突破している方の暗記術を研究すると、**暗記作業をはやいスピードで7回ほど繰り返すのが、長期記憶に定着させるのには効果的**です。

7回というのは目安の数で、実際には5回で長期記憶に定着するものもあれば、10回必要な場合もあります。

いずれにせよ、一度でじっくり完璧に覚えようとして、1回で暗記作業を終わってしまうより、すぐに忘れてもよいという感覚で7回くらいを目安に何度も繰り返すほうが自然に長期記憶に残るのです。

とはいえ、何度も暗記作業をするほど時間がとれない、そんなに繰り返すのは面倒くさいと感じる人も多いでしょう。その心配はいりません。

7回繰り返すといっても、一度で完璧に覚える必要はないので、サクサクと進めてもよいです。

また、1回目よりも2回目、2回目よりも3回目のほうが、暗記作業にかかる時間が短縮されます。6回目、7回目などは、暗記が定着できているかの確認作業ですので、ほとんど時間もかかりません。精神的にも苦痛なく進められます。

たとえば暗記達成期日まで10日間あるとしたら、1回目は3日間、2回目は2日間、3回目と4回目は1日、4回目と5回目は半日ずつ、6回目と7回目は最後の2日間のうちの短時間といった具合に時間配分します。

はじめの1、2回目は時間がかかりますが、暗記作業を重ねるたびに、必要な時間も短縮できるのです。

さきほど、暗記戦略とプランニングが重要だと述べた理由はここにあります。明確な暗記目標と達成期日が設定できれば、あとはどのように時間配分し、7回繰り返

しを実践できるかを計画立てればよいのです。

天才でもなければ一回ではすべてを覚えられません。

でも、天才である必要はまったくないのです。ごく普通の頭脳の持ち主でも、7回繰り返せば記憶が定着します。忘れてもまた覚えればよいというくらいの軽い気持ちで、計画立てて7回繰り返せば、どんなことでも暗記は可能です。

ポイント

1回ですべて覚えることは
ほぼ不可能。7回ほどの
速い繰り返しが効果的です！

読んで、聴いて、書いて、見て、五感をフル活用させる

　暗記の際は五感をフル活用させましょう。

　目で見て、口でしゃべって、耳で聞いて、手で書いて、イメージを想起させながら覚えると記憶に定着しやすくなります。

　ただ、単語帳の文字を眺めて目で見て追っているだけよりも、その単語を声に出して話して、その自分の声を聞いて、紙に繰り返し書いて覚えるほうが記憶に残りやすいです。

　多くの人が実践できていないことは、声に出して読むことです。文章でも単語でも、声に出すことが重要です。普段、学校や塾の教室、周囲に人がいる図書館や自習スペースなどで勉強していると、声を出せません。

　そういった環境に慣れてしまうと、「勉強は静かにするもの」という固定観念がついてしまっているかもしれません。しかし、**暗記は声に出してするもの**です。そのほうが、自ら口を動かしてアウトプットできるのと、自分の声を耳で聞いて聴覚からもインプットできるので効

果的です。英単語なら英語の発音とその意味の日本語を
セットで声に出します。

　私は大学受験時代、声を出しながら勉強するために、
クーラーの効いた涼しい図書館で勉強するよりも、クー
ラーのない自宅で勉強することを選んだくらい、声を出
すことを重視しました。

　さらに、**自分で手を動かして書くことも効果的**です。
特に、単語を覚えるときは繰り返し書きましょう。躊躇
なく大量に書けるように、暗記には必ずノートか、大量
の裏紙プリントを用意してください。プリントに1行か
ら2行、5回から7回繰り返し書きます。

　手を動かすことでアウトプットを行いながら、書かれ
たものを目で見て、視覚でもインプットすることがポイ
ントです。また、この際にも、書きながら声を出して読
むことが大切です。

　書いて覚える際に注意することは、きれいにゆっくり
書きすぎないことです。字をきれいに書こうとすると、
どうしても時間がかかってしまいます。

　たくさん繰り返すことが重要なので、なぐり書きでよ
いので、スピードを重視しましょう。

　視覚という点では、その単語の挿絵などが一緒に入っ
ていると、イメージを想起しながら記憶できるので定着
しやすくなります。単語帳などに挿絵がなくても、自分

の頭のなかでそのイメージを浮かべるだけでも効果に違いがでてきます。

ただ単に機械的に手を動かしたり、声に出したりするだけでなく、その意味をしっかりと脳でイメージして確認することで、記憶への定着率が格段によくなります。

ポイント
意識的に五感を
フル活用することで、記憶への
定着率は格段にアップします。

イメージで覚える
「マンガ暗記術」と
「お絵かき暗記術」

五感のフル活用のなかでも、**イメージと暗記をセットにすることは特に効果的**です。

私は小学生の頃、マンガ日本の歴史シリーズが大好きで繰り返し読んでいました。楽しいから何度も読んでいると、意識して覚えようと思っていなくても、歴史上の人物の名前や、いつどんなことが起きたのかなどを、自然と暗記していました。人物名を聞くと、マンガ上の顔が浮かびますし、覚えなくてもいいようなマンガ上の台詞まで覚えていました。

おかげで日本史が子どもの頃から得意科目になりました。その秘訣はやはり、マンガのイメージと暗記をセットにしていたからです。それだけ視覚的イメージは、暗記にとって効果的なのです。

✏ 東大生の約半数が学習マンガを読んでいた

雑誌『プレジデントファミリー』2012年12月号の特集「東大生184人 親の顔」での調査では、「**学習マンガ**

を読んでいた」のは、同世代の若者が23.8％なのに対して、東大生は46.7％と倍の差が出ています。

東大生もかなりの割合で学習マンガを活用し、マンガによる暗記の効果を実践していたことが推察されます。

私は、『頭がよくなる！マンガ勉強法』（ソフトバンク文庫）という本を書いたくらい、マンガによる学びを推奨しています。

それは、学びにとって本質的に重要な好奇心を伸ばすという点でマンガが効果的であると同時に、使い方によっては暗記にも大変役立つからです。

先に挙げた日本史や世界史だけでなく、文学や芸術、政治や経済、会計、ビジネスなどあらゆる分野がマンガで学べます。

また、今は子ども向けの学習マンガと同じくらい、大人向けのビジネスマンガのジャンルが確立されており、かなりの作品数があります。

暗記したいと思ったジャンルで、まずはそのマンガがないかを調べて見つけ出し、マンガで暗記のイメージづくりを行うと効果的です。

たとえば日本史であれば、飛鳥時代後期や万葉集の暗記イメージをつかもうと思ったら持統天皇を主人公にした『天上の虹』（著：里中満智子）、関ヶ原の戦いから幕

末にいたるまでの江戸時代は『風雲児たち』（著：みなもと太郎）がおすすめです。

『大宰相』（著：さいとう・たかを、原著：戸川猪佐武）は、昭和の戦後史としても、あるいは歴代総理大臣の政治の暗記イメージをつかむのにもってこいの作品です。

学校の古典でも頻出の「源氏物語」は、原文を読んで勉強してもさっぱりイメージがつかめませんが、『あさきゆめみし』（著：大和和紀）を読めば、まるで恋愛トレンディドラマをみているかのように楽しめます。

法律を勉強したり、行政書士の資格を取ろうと思ったりしたら、まずは『カバチタレ！』（監修：青木雄二、原作：田島隆、画：東風孝広）を読むと、リアルなイメージがつかめるでしょう。法を駆使しながらクライアントから依頼のあった数々の困難を解決していくストーリーを通して、内容証明や簡易裁判、公正証書などの法的手続きや、関連する法律が学べます。

さらに、英語を暗記するのに、英語のマンガも使えます。

自分の好きなマンガで英訳されているものを読むと、楽しみながら英語の勉強になります。

好きなマンガのシーンでイメージと一緒に入ってくるので、その英単語やフレーズが記憶に定着しやすくなるのです。

特に覚えたいフレーズや単語があれば、そのマンガの
ページをコピーしてファイリングしたり壁に貼り付けて
おいたりします。
　私はこれを「マンガ暗記術」と呼んでいます。

✏️ イメージを書いて覚える「お絵かき暗記術」

　また、自分で絵を描いて覚えるという方法もありま
す。
　マンガだと作品自体を探すことに手間がかかるのと、
単語だけをまとめて一気に覚えるといった作業がしづら
いですが、自分で絵を描いてしまえば自分のペースでイ
メージ暗記ができます。

　単語のイメージを簡単に絵で表現して、単語帳やノー
トに書き込みます。
　たとえば、「reconciliation」という英単語を覚えると
しましょう。
「和解」という意味ですが、その単語のスペースに二つ
の手が握手をしている絵を簡単に書き込んでおきます。
そうすると、言葉だけで覚えるよりも、握手のイメージ
が脳に焼きつくので記憶に定着しやすくなります。
　さらに、**絵を自分で描いたというアウトプットの作業
自体も、記憶定着に役立ちます。**

私はこの方法を「お絵かき暗記術」と呼んでいます。
「マンガ暗記術」と「お絵かき暗記術」、ぜひ実践して
みてください。

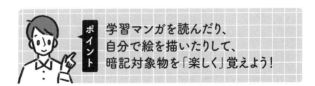

ポイント

学習マンガを読んだり、
自分で絵を描いたりして、
暗記対象物を「楽しく」覚えよう!

ググって脳に刻み込む
「画像検索暗記術」

マンガ暗記術もお絵かき暗記術もイメージで覚えるという共通点があります。

とはいえ、マンガは暗記の目的に応じた既存作品があるかどうかに左右されてしまいますし、お絵かき暗記術は絵を描くのが苦手という方にはハードルが高いかもしれません。

そんな方におすすめなのが、「画像検索暗記術」です。つまり、**インターネット上で暗記したい言葉を画像検索し、ヒットしたその言葉にまつわる画像のイメージを脳に焼き付けることで記憶の補助に役立たせます。**

たとえば、先ほど挙げた「reconciliation」という英単語をGoogleで画像検索してみましょう。たくさんの画像がヒットしますが、二つに割れたハートが縫い合わされている画像や、握手している画像や写真、抱き合っている画像、それらが十字架のマークと一緒に表示されているものもあります。「reconciliation＝和解」という単語が、言葉だけでなくイメージによって印象付けられ、記憶により定着しやすくなるのです。

他の英単語、「anguish（苦痛、悲しみ）」はどうでしょう。Googleで画像検索すると、頭を抱えて悲嘆にくれている人の写真が多数表示され、ブラウザ全体が真っ暗です。

　ぱっと見で暗く、苦痛で、悲しいということがイメージで感じられます。この感覚を「anguish」という言葉とリンクさせます。

　画像検索暗記術は、英語や外国語の暗記にもってこいですが、他の分野にも応用可能です。

　たとえば、歴史の暗記にも使えます。

　世界史で「ヒッタイト」という言葉が出てきたとします。ヒッタイトは、BC16世紀ごろ古バビロニアを滅ぼしましたが、馬と戦車、そして鉄器を利用して栄えまし

た。ヒッタイトを Google で画像検索すると、馬車に乗り鉄兜をかぶった兵士が弓矢をひいて敵を倒している石の絵や、馬車に乗って盾や槍を持つ兵士たちの画像がヒットします。ほかにもメソポタミア地域の勢力図をあらわす地図などもヒットします。文章だけでは、ヒッタイトがどんな特徴を持った民族・帝国だったのか記憶に残りづらいですが、画像のイメージと一緒に暗記すると定着するようになります。

　私の学生時代はまだそんなにインターネットが発達していなかった時代ですが、「ビジュアル世界史」や「図解　世界史」など、画像、写真、地図などイメージが豊富に入っている参考書を重宝していました。

言葉だけではどうしても覚えづらいものも、イメージが一緒に紐づくと想像力が刺激され、記憶に定着します。「画像検索暗記術」は、こういったビジュアル参考書を、いつでもどこでも目的に合わせて無料で手に入れてしまおうという暗記術です。

　スマートフォン片手にぜひ気軽に試してみてください。

ポイント　特に苦手な英単語や覚えにくい用語は「画像」と一緒に覚えてしまおう！　長期的に定着します。

年代から難読漢字まで
制する「ゴロ超速暗記術」

　暗記には様々な手法がありますが、ゴロで覚えるというのも一つの手です。

　特に数字を覚える際にはゴロ合わせが暗記に役立ちます。日本史や世界史の年代などがその典型的な例です。「いい国（1192）つくろう鎌倉幕府」、「鳴くよ（794）ウグイス平安京」などは、誰もが知っているゴロ合わせによる年代の暗記例でしょう。

　このほかにも日本史を題材にしたゴロは、かなりの数がつくられ、普及しています。たとえば明治時代であれば、「嫌な内（1877）乱、西南戦争」、「いち早く（1889）できた帝国憲法」、「一発急所（1894）に日清戦争」等々です。

　実は、数字を入れれば、語呂合わせの候補を出してくれる **語呂合わせジェネレータ** というインターネット上のサイト（http://seoi.net/goro/）もあります。

　たとえば、「1024」という年代を覚えたいと思って、数字を入れてボタンを押すと、ジプシー（1024）、自由

日誌（1024）のように語呂合わせが出てきます。「1456」であれば、「瀕死コロン（1456）」、「石ころ（1456）」といった具合です。

この語呂合わせジェネレータを使えば、たいていの年代のゴロは瞬時につくれます。

ほかにも電話番号を覚えたいと思って8桁を入力します。080の次の8桁が「35784276」としましょう。ジェネレーターを使うと「未婚 ナンパ シーツ 新チーム（35 78 42 76）」、「未婚 な 搬出 新チーム（35 7 842 76）」といった具合です。

最近では携帯電話に登録しておけば、電話番号を覚える必要はありませんが、自宅の電話や自分の携帯番号を書類に記入する機会も多いので、覚えておくと楽です。

ほかにも、暗証番号や会員番号を覚えておくのにも便利です。また、ビジネスで売上や会員数などの数字を覚えておくと、周囲に一目置かれたりもします。

ゴロによる暗記は数字以外にも使えます。

たとえば、難しい漢字の代表である憂鬱の「鬱」は、読めたとしても書くのに自信がないという人が多いと思います。

そこで、ゴロを使って**「憂鬱なリンカーン（林・缶）は（ワ）、アメリカン（米）コーヒーを三杯飲んだ」**と覚えます。

「林（リン）」の間に「缶（カン）を入れると鬱の上部に

なります。その下に「ワ」冠をつけたあと、「※（米じるし）」をかいて、「コ」を横向きに寝かせて「ヒ」を書きます。最後に「´」を3つ（三杯の）書いて完成です。

　覚えるのが難しい、長くて覚えられないと感じたら、ゴロにしてみることで楽しく、しかも効率的に覚えることができるのです。

① リンカーン（林・缶）は（ワ）
② は（ワ）
③ アメリカン（米）
④ コーヒー（コ・ヒ）
を ⑤ 三杯 飲んだ

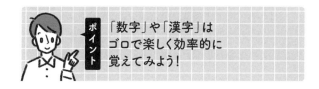

ポイント 「数字」や「漢字」はゴロで楽しく効率的に覚えてみよう！

歌で楽しく覚える

　ゴロで覚える方法と似たものとして、歌で覚える暗記術もあります。もともと歌は歌謡曲でもポップソングでも、覚えやすいし、一度覚えると忘れづらいものです。

　勉強が苦手という人も、歌なら苦労なく歌詞を暗記して歌えるという人は少なくないでしょう。

　耳に残りやすく、口ずさみやすいうえ、歌詞の情景や歌のリズムをイメージとしても感じられるので五感をフルに使うからです。

　この歌の特性は暗記術にも応用可能です。

　有名なのが中国の歴代王朝名を、童謡「うさぎとかめ」の「もしもしかめよ　かめさんよ」の歌に合わせて覚える方法です。

　中国歴代王朝は以下になります。

「殷・周・秦・漢・三国・晋・南北朝・隋・唐・五代・宋・元・明・清・中華民国・中華人民共和国」

　これを覚えるのは一苦労ですよね。でも、**「もしもしかめよ」の歌に合わせると、誰でも不思議に覚えられます。**

（もし・もし・かめ・よ〜・かめさん・よ〜♪）
いん・しゅう・しん・かん・さんごく・しん♪
（せかいのうち・で・おまえ・ほど〜♪）
なんぼくちょう・ずい・とう・ごだい♪
（あゆ・みの・のろ・い〜・ものはない♪）
そう・げん・みん・しん・ちゅうかみんこく♪
（どうしてそんなにのろいのか♪）
ちゅうかじんみんきょうわこく♪

　この中国歴代王朝による「もしもしかめよ」の歌は、
私も学生時代に覚えたことを、20年経った今になって
も忘れません。

　それだけ長期記憶に保管されているということです。
この方法はあらゆることに応用可能です。

　たとえば、日本の歴代総理大臣を覚えたいとします。
総理大臣の頭文字をとって、「もしもしかめよ」の歌に
合わせて歌ってみましょう。

（もしもしかめよ〜　かめさんよ〜♪）

いくやまいまい〜　おやいかさ〜♪

伊藤博文（第1次）黒田清隆（第1次）山県有朋（第1次）
松方正義（第1次）伊藤博文第2次）松方正義第2次）
伊藤博文（第3次）大隈重信（第1次）山県有朋（第2次）
伊藤博文（第4次）桂太郎（第1次）西園寺公望（第1次）

（せかいのうちで〜　おまえほど〜♪）

かさかやおては〜　たかやきか〜♪

桂太郎（第2次）西園寺公望（第2次）　桂太郎（第
3次）山本権兵衛（第1次）大隈重信（第2次）寺
内正毅　原敬　高橋是清　加藤友三郎　山本権兵衛
（第2次）　清浦奎吾　加藤高明

（あゆみののろい〜　ものはいない♪）

わかたなはわい〜　さおひろは〜♪

若槻礼次郎（第1次）　田中義一　浜口雄幸　若槻
礼次郎（第2次）犬養毅　齋藤實　岡田啓介　広田
弘毅　林銑十郎

（どうしてそんなに　のろいのか♪）

こーひーあよこ　と〜こすず♪

近衛文麿　平沼騏一郎　阿部信行　米内光政　近衛
文麿（第2次・第3次）東条英機　小磯国昭　鈴木
貫太郎

　これで、明治から太平洋戦争終戦までの歴代総理大臣
です。歌詞にあまり意味がありませんが、リズムだけで
も覚えられてしまいます。

「もしもしかめよ」だけでなく、「アルプス一万尺」バージョンなどもあるようですが、自分が覚えやすいものを使うのがよいでしょう。

こういった歴史ものだけでなく、何か**たくさんのことを順番に覚えなければならないときは、歌にしてしまうのがよいです。**

たとえば、古文の助動詞の活用なども、覚えるのに苦労した経験がないでしょうか。これも「もしもしかめよ」に合わせて覚えることができます。

ほかにも、県庁所在地を北から順番に覚えたり、国名や首都名を覚えたり、ビジネスであればたくさんの顧客の名前を覚えたりするのにも歌は役立ちます。

歌は歩きながらでも楽しく口ずさめるので、繰り返して暗記するのにもってこいの方法なのです。

ポイント お風呂のなかや散歩中に歌を口ずさみながら、リズムにのって覚えてみよう!

「30分暗記モジュール」でスキマ時間を暗記時間に

　1回のセットでどのくらいの時間、どのくらいの数を暗記すればよいのでしょう。もちろん人によってそのペースは変わってきますが、だいたいの目安を持って、自分なりのペースをつかむことが大切です。

　暗記の作業は普通にやれば骨が折れるので、まずは集中力の持続できる自分なりの時間をつかむことです。

　通常、勉強で集中できる時間は1時間が目安ですが、暗記作業の場合、さらに疲れて集中が続かない場合が多いので、30分くらいに区切ってしまうのがよいでしょう。

　また、30分であれば、スキマ時間を活用しやすいので、自分の暗記時間の基本モジュールにすることができます。

　では、30分でどのくらいの数を暗記できるのでしょう。専門用語の暗記などもありますが、ここでは英単語の暗記としましょう。結論から言えば、30分間で20単語くらいが目安です。

まず、最初の1分間で20単語の小テストをしてみます。和訳をかくして英単語だけ見て、意味を言えるかどうかチェックします。20単語どれも答えられず、0点だったとすると20単語すべてに暗記作業を行います。

　この暗記作業には様々なやり方がありますが、五感をフル活用して覚えてください。

　1単語あたり最大1分間ほどかけてよいです。すると、20単語の暗記作業が20分間で完成します。このあと、もう1回同様の方法で、1分間で20単語の小テストを行います。

　ここで8割正解であれば、残りの2割、4単語は暗記できていなかったことになります。もう一度、その4単語の暗記作業を行います。1単語あたり30秒から1分が目安です。

　そして、3回目の20単語小テストを行います。ここで100%正解なら暗記完了です。1問不正解なら、その1単語の暗記作業をもう一度行います。そして4回目の小テストです。

　この作業を繰り返して、全問正解100点になるまで繰り返します。4回で100点を取った上記の例であれば、第1回小テスト1分、20単語20分、第2回小テスト1分、4単語4分、第3回小テスト1分、1単語1分、第4回小テスト1分で、合計29分になります。

単語の難易度やそのときの集中力、各自の暗記力によってペースは異なりますが、おおかたの目安としてみてください。

　いずれにせよ、自分が最大の集中力を発揮しやすい時間と分量のペースをつかむことが大切です。必ず、○分で○個を暗記するという、その時間の暗記目標を設定し、その時間で達成することで暗記は確実にできるようになります。

　自分のペース、1回の暗記モジュールの目安がつかめたら、1日で何モジュールやるか、1週間で進められる単語数は何個かなどを計算し、戦略を立てられます。

　仮に、1日30分で20個でも、毎日やれば1週間で140個、1ヶ月で600個、3ヶ月で1800個の単語を暗記できます。

　1800個の単語となれば、大学受験で求められるレベルですし、英語の実力が一段階アップできるくらいのボリュームです。

✎ 毎日のスキマ時間の一つを暗記時間にしてみる

　1日30分は、忙しいビジネスパーソンでも、部活やアルバイトをしている学生でも、スキマ時間を活用すれば無理なく実践できる時間です。

通勤や通学の電車・バスの移動時間。朝起きてから支度を始めるまでのちょっとした朝時間。お昼休み1時間のうちの30分。帰宅後のテレビをだらだらとみていた時間の30分。毎日の生活のなかで、どんなに忙しい人でも30分はどこかにスキマ時間があるはずです。

　暗記はいきなりたくさんやらなくても、「30分暗記モジュール」さえ確立し、コツコツと少しずつ継続して実践すれば、大きな成果を生み出せます。

　千里の道も一歩から。1000単語の暗記も、まずは30分20単語から。この時間でこのくらいはいけるという、自分なりの暗記のペースをつかんでください。

ポイント
「30分暗記モジュール」を
活用して忙しいときでも
スキマ時間を有効活用していこう！

ラクに覚える
「つぶやきウォーキング
暗記術」

暗記には繰り返しとリズムが大切です。体操やダンスのようにリズムをつけて身体に染み込ませるような感覚です。身体をリズムよく動かすという点と、スキマ時間を確保するという点でおすすめなのが歩きながらつぶやく暗記術です。

歩いて移動しているときに、周りが気にならなければ、暗記したいことをリズムよくつぶやきながら歩きます。

同じことを何度も繰り返しても、**リズムよく身体を動かしているので、机の前に座っているときよりも苦痛なくできます。**

✎ 歩いている時間は「暗記のゴールデンタイム」

暗記の基本は繰り返しですが、人間は同じことを繰り返すのを普通はストレスに感じます。

しかし、歩くという動作は手足を同じテンポで動かすという繰り返しなので、その繰り返し動作に合わせて暗

記の繰り返しもセットにしてしまうという方法です。

歩くことにより血液の循環もよくなり、脳の働きも活性化します。

机の前にじっと座っていると眠くなりがちですが、歩くと目が覚めますよね。歩きながら寝てしまう人はいないと思います。

適度に身体を動かして脳が活性化し、さらに繰り返しをしてもストレスになりにくい、歩いている時間は、暗記のゴールデンタイムなのです。

先ほど紹介した歌による暗記術も、歩きながら歌を口ずさむとよいです。

歌も散歩もストレス解消になるので、苦しい暗記の繰り返し作業が、リズミカルな楽しい行為に変わります。

私の場合、重要なスピーチを暗記するときも、歩きな

がらつぶやいて覚えます。

　後で詳述しますが、英語のスピーチや、日本語でも時間が短時間で決まっている重要な案件はある程度暗記してしまいます。

　その暗記作業をするときに、一通り声を出してしゃべりきるのに５分から10分くらいはかかってしまうので、歩きながら声に出して繰り返すと、ストレスなく集中しやすくなります。

　血行がよくなるので、気分も高揚し、ポジティブな気持ちで覚えられるようになります。

　通学通勤や移動の歩いている時間を使うのもよいですし、家にいるときも部屋をうろうろと歩きながら、声を出してリズミカルに暗記をしてもよいです。

　眠くなってきたり、ちょっと疲れたなあと感じたり、気分が乗らないときも、うろうろ歩きながらつぶやいて暗記する時間を持ってみてください。目が冴えて、気分がリフレッシュし、暗記にも集中できるようになるでしょう。

ポイント 歩きながらリラックスした状態の暗記は効果大。気分のリフレッシュもかねて実践してみよう！

家に「付箋」を貼りまくる

　机の前に座っている時間だけが暗記に使える時間ではありません。単語帳などを持ち運ぶのも効果的ですが、自分がよくいるスポットに覚えたいものを貼っておくのも一つの手です。

✎ 付箋は暗記に適した便利ツール

　たとえば、暗記したい単語の付箋をトイレや冷蔵庫、テレビの下、食卓の壁などに貼っておきます。

　1日数回、特に1回はトイレに長居するでしょうから、そのときに暗記したいものが自然と目に触れます。

　冷蔵庫もやはり1、2回以上は開けるので、そのときに思い出します。こういったことを繰り返していると、**付箋に記した単語を「忘れてはいけないもの」として脳が認識し、記憶に留まりやすくなるのです。**

　私たちが日常生活で何度も使うものを決して忘れないのと同じです。

　付箋を貼るのは、自分で覚えたいものを書いて貼れる

ということと、さらに完全に長期記憶として暗記できたと思ったら、はがして次のものに貼りかえることができるからです。

仕事のタスク管理で付箋を使うことは多いと思いますが、その便利な機能を暗記にも応用できます。

付箋には、たとえば英文を読んでいて分からなかった単語を書き出したり、単語帳から暗記したいものを順番に書き出したりしてもよいです。

自分で行う単語小テストで間違えたものを付箋にするといったルールを決めておくのもよいでしょう。

また、外国語であれば、付箋に書いた単語をその実物に貼るという手法もあります。

私は韓国語を学習していた頃に実践しました。
「窓、ドア、開ける、閉める、机、イス、本、鉛筆、読む、書く」などの単語をポストイットに書いて、その実物に貼り付けて単語を覚えていました。

外国語の初級レベルであれば、日用品の単語を覚えることが多いので役立ちます。

完全に暗記できたと認識し、はがした付箋はすぐに捨てるよりも、ノートに貼り付けてためておいたほうがよいです。

というのも、人間は忘れやすい生き物なので、しばら

く時間が経った後にもう一度見直して、記憶作業を繰り返すことで本当の長期記憶になるからです。

はがした付箋を貼りためたノートは、自分のオリジナルな長期記憶用単語帳になります。

自分ががんばってきた成果物でもあるので、ちょっとした達成感を味わうこともでき、暗記へのモチベーションにもつながります。

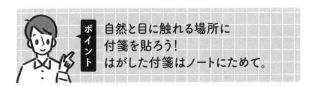

ポイント 自然と目に触れる場所に
付箋を貼ろう!
はがした付箋はノートにためて。

Memorization
012

どこでも気軽に
覚えられる
「スマホアプリ暗記術」

　アナログな暗記術をこれまで紹介してきましたが、デジタルツールを活用した暗記術も、最近では便利な方法がたくさんあります。代表的なのがスマートフォンのアプリを活用した暗記術です。

　最もニーズの高い英単語アプリについて紹介します。英単語はアプリの種類だけでもたくさんあります。

　有料のものから無料のもの、アプリ自体は無料で、使える機能を増やしたり、対象の英単語を増やしたりする際にアプリ内課金するものもあります。

　ここでは人気の英単語アプリ「mikan」を紹介します。

　アプリをダウンロードすると、対象とする英単語として、TOEIC 英単語 2500 や TOEIC スコアレベル別、センター試験英単語 500 や速読英単語などの大学受験英語、日常英会話や留学向けなどの教材を選択できます。

　教材を選択すると、英単語テストが始まります。

1問ずつ英単語が音声付で表示され、その和訳を4択から選択して答えます。正解・不正解がその場で表示され、次の英単語へと続き10問が1回のテストになります。10問終わると結果詳細を確認することができ、正解した単語には「覚えた」のチェックシートがチェックされており、不正解の単語はチェックが外れています。「覚えた」のチェックのなかでも、瞬時に答えられた単語は「Excellent！（完璧に覚えた）」、少し間をおいて答えられた単語は「Great！（ほぼ覚えた）、」答えるのに時間のかかった単語は「Good！（うろ覚えな単語）」などに分けられます。

　それぞれの単語をクリックするとその発音の音声が流れたり、例文というボタンをクリックするとインターネット上の例文が表示されたりする機能もあります。

　1回のテストが終わると、次の単語10問のテストに移るという繰り返しで、Rank1の100単語の達成率が○％と表示されます。

　暗記の進捗具合が可視化されるので、次もやろうというモチベーションを刺激してくれます。

　また、間違えた単語だけでテストを行う「苦手」のボタンや、順番を変えてテストを行う「ランダム」のボタンもあります。「総復習」のボタンを押すと、「完璧に覚えた単語」「ほぼ覚えた単語」「うろ覚えな単語」「苦手

な単語」「昨日学習した単語」「今日学習した単語」から選んで復習ができます。先に触れたように、「ほぼ覚えた単語」は少し間をおいて答えられた単語で、「うろ覚えな単語」は答えるのに時間のかかった単語なので、1回正解したとしても復習で再テストすると、本当に覚えているのか再チェックになり、暗記の強化につながるでしょう。

また、「昨日学習した単語」を朝にやったり、「今日学習した単語」を夜寝る前にやって復習したりすると、より暗記の定着につながります。

スマホアプリの利点は、ちょっとしたスキマ時間に気軽にできる点と、勉強っぽさが軽減されるのでストレスなく取り組めることです。

よくスマホをいじっている人にとっては、ちょっとしたゲーム感覚で楽しめます。

英単語アプリ以外にも、試験や資格の勉強など様々な暗記に応用できる暗記アプリもあります。

たとえば、「i−暗記シート」というアプリは、赤字と緑マーカーだけが画面から非表示になります。いわゆる赤シート学習をアプリで実践するツールで、覚えたいページをスマホで写真に撮ったり、自分が書いたノートで暗記したいものを赤字や緑マーカーにすることで、スキマ時間にいつでも暗記に取り組めるというものです。

ほかに「単語帳メーカー」というアプリは、暗記したいものを自分で入力し、画像も入れることができるので、オリジナルな単語帳アプリを作ることができます。

　また、パソコンを使って Excel で作成したリストを取り込むこともできます。スマホやパソコン上で英語の記事を読んでいて分からなかった単語などをリストにしていくと、自分に必要なオリジナルの単語帳アプリがつくれます。英単語だけでなく、ほかにも暗記したいものであれば応用可能です。

　暗記が続かないのは、勉強に対する苦手意識や、まとまった時間がとれないという理由が多いかと思います。アプリを活用して気軽に楽しく取り組むことで、苦手だと思っていたイメージが変わり、今の時代にあったかたちで、うまく生活習慣に取り込むことも可能なのです。

ポイント

「遊び感覚」でスマホアプリを活用していこう！　暗記に苦手意識があっても楽しくできるはずです。

ロジックを理解して
記憶を強固にする

　暗記は五感をフル活用した繰り返しが効果的であることを述べてきましたが、別の切り口から暗記を強固にする方法があります。

　それは、ロジックを理解することです。

　単語や漢字、公式など、その成り立ちを論理的に理解することで、記憶の定着につながり、忘れてしまったときにも思い出しやすくなります。

　たとえば、「unprecedented」は「先例のない、未曽有の」という意味ですが、分解すると、「un-pre-cedent-ed」となります。「un」は否定の意味を表わす接頭辞で、「unlike（同じでない、似てない）」や「unnatural（不自然な）」などに使われます。

　「pre」は「早い、前に」などの意味を表わす接頭辞で、「pretest（予備テスト）」、「prepare（事前に用意をさせる）」などで使われています。「ced-」は「行く、進む」などの意味で、「proceed（進む）」などが同じ語源です。「pre」と「ced」が組み合わさって、「precedent」

で「先例」という意味になります。「ed」は名詞の最後について形容詞をつくる接尾辞です。

これらをつなぎ合わせると、「先例のない」という形容詞であることが分かります。

ほかにも見てみましょう。「bimonthly」は「隔月に、隔月の」という意味です。これを「bi-month-ly」と分解します。「month」が「月」であることは基本単語として多くの人が知っているはずです。

「bi」は「2つの」という意味を表わす接頭辞で、「bike（バイク）」や「bicycle（自転車）」は車輪が二つある二輪だから「bi」がついています。ほかにも、「bilingual（二つの言語を使える）」などの例があります。最後の「－ly」は副詞や形容詞をつくる接尾辞です。「monthly」は「月ごとの」という意味で、マンスリー・レポート（monthly report）など日本語としても使われます。「weekly（週ごと）」も同様です。これらを組み合わせると、「bimonthly」は「隔月の、2ヶ月に一度の」という意味であることが論理的に理解できます。

✎ 長期記憶に保存され「類似の例」にも効く

語源や言葉の成り立ちを分解して考えるのは面倒かもしれませんが、一度論理的に理解すると、長期記憶に保存しやすくなります。

また、類似の例が出たときに、知らない単語でも類推することが可能になります。

　こういった語源や言葉の成り立ちは、インターネット上でも検索することができます。

　Google などで「○○（調べたい単語）語源」と入れて検索するとヒットするので、確認してみるのもよいでしょう。

　言葉の成り立ちや構造を分解してロジックも踏まえて暗記するという点では、漢字も同じです。

　漢字の場合、へんやつくりなど組み合わせで構成されているので、その意味や音を意識するとよいです。

　たとえば、月がつくものは「つきへん」と「にくづき」といわれる二つの部首があります。

「にくづき」の部首「月」はもともと「肉」の字が簡略化されて「月」に変化したものです。ですから、体に関わる漢字に使用されます。

「肝、肩、股、胃、背、胸、胎、脇、脈、脚、脳、腕、腎、腸、腹、腰、膜、膚、臓、脂、肪」などです。

　たとえば、腎臓（じんぞう）の漢字を覚えようとするときに、体の一部なので月が入るということを意識します。腎の読み「じん」の音に関する臣（しん）が入り、臣が左上にある漢字はほかに、賢、堅などがあるが、臣

と又がセットになることも意識すると、より覚え易くなります。

腎臓の臓はやはり、月が入り、読みの「ぞう」を表わすのが蔵です。

やみくもにただ書いて覚えるだけよりも、その字の成り立ちを分解して理解しながら暗記するほうが、より記憶が定着しやすくなるのです。

ポイント　論理的に理解しておくと長期記憶になる。難しい英単語や漢字、公式は特に理解しておこう！

小テスト・模擬試験を計画的に入れる

　人間の脳はインプットよりも、アウトプットすることで長期記憶に定着しやすいという実験結果があります。『サイエンス』誌2008年2月15日号に掲載された、米パデュー大学カーピック博士による研究では、**「入力を繰り返すよりも、出力を繰り返すほうが脳回路への情報の定着がよい」**という実験結果が報告されています。

　実験では、ワシントン大学の学生にスワヒリ語40単語を4グループに分けて暗記させました。

　1つ目のグループは40個を通して学習させ、40個すべての確認テストを、完璧に覚えるまで繰り返しました。

　2つ目のグループは、確認テストでできなかった単語だけを学習させましたが、確認テストでは毎回40個すべてを試験しました。

　3つ目のグループは40個を通して学習させるも、確認テストでは先に覚えていなかった単語のみを選んで行いました。

　4つ目のグループは、確認テストでできなかった単語

だけを学習させ、再確認テストでも先ほど覚えていなかったものだけを試験しました。

テストしながら覚えたグループと、先に覚えていなかった単語だけを確認テストするグループでは、記憶の定着率に大きな差が出ました。

各グループが40個すべて覚えるスピードには差はありませんでしたが、その1週間後に再テストしたところ、1と2のグループは約80点だったのに対して、3と4のグループは約35点しか取れなかったといいます。

1と2の共通点は、確認テストを毎回40単語すべて試験するプロセスを繰り返したことです。

逆に3と4は、確認テストを先に覚えていなかった単語のみに限定しています。

この実験は、**何かを覚えようと学習するインプットだけでなく、学習した内容を実際に書いたり口にしたりするアウトプットを何度も繰り返すことで学習内容が定着することを示唆しています。**

🖋 「確認テスト」を行うルールをつくってしまう

こういった実験結果の示唆から分かるように、**アウトプット型の確認テストをいかに計画的にこまめに行うかが暗記の肝**になります。

1日に1回はアウトプット型の確認小テストを自分で

行うというルールを決めたり、教科書や参考書を読んだりするインプットの時間を持ったら、問題集や小テストなどを解くアウトプットを必ず行うなどのルールを自分で決めておくことが重要です。これがおろそかになっていると、勉強しているつもりでもいつの間にか忘れてしまっているのです。

また、自分で行う確認小テストだけでなく、外部から採点される本格的な模擬試験も定期的に受けるほうがよいです。他人から採点されるのは、自分の実力が露になるので、多くの人は避けてしまいがちですが、それは大きな間違いです。自己の実力をより正確に現状把握し分析できるだけでなく、本格的なアウトプットをすることで、記憶が定着しやすくなるのです。

私は大学受験のとき、塾や予備校に通うお金はありませんでしたが、東大模試はすべて自分で申し込みをして受けましたし、一般的な模試も含めて1ヶ月に数回受けていました。

また、留学のための英語学習をしたときも、TOEFLを年間で受験可能な最大回数を受けました。本番以外にも、市販の模擬テスト形式のものを本番さながらに自分で頻繁にやっていました。

小テスト、模擬試験など定期的で頻繁なアウトプット

による長期記憶の定着を、暗記計画のなかにあらかじめ
盛り込んでおくことが、暗記を成功させられるか否かの
肝になります。

ポイント 定期的なテストを計画のなかに
盛り込み、アウトプットする
機会をつくってしまおう！

1日のルーティーンに
「暗記習慣」を組み込む

　どんな学習でも長期的に重要なのは習慣をつくることです。1日の生活リズム、1週間の生活リズムのなかに、**何も考えなくても自然と身体が動いて学習する時間が組み込まれていることが大切です**。

　暗記は継続と繰り返しが必要不可欠ですから、特に習慣化がものをいいます。

　たとえば、1日30分を毎日同じ時間帯に続ければ、1年間で182時間もの時間を暗記に投入できたことになります。毎日同じ時間帯に同じことをするので、そのリズムが習慣化さえすれば、さほどストレスなく続けられます。また、長期間継続して取り組むので、復習や確認テストを組み込みやすく、長期記憶にも定着させやすくなります。

　一方で、思いつきやその場の決意、あるいはテスト直前だけに詰め込んで暗記をしようとすると、たとえ土日にがんばって1日10時間勉強できたとしても、たったの20時間だけです。

　それに慣れないことをやると、精神的にも肉体的にも

疲れてしまうので、トラウマになって二度とやりたくないという気持ちが残ってしまいます。せっかく覚えたものも、時間がたつとほとんど忘れてしまっているでしょう。

✏️ 2週間、同じ時間に同じ場所で同じことをやる

私の場合、朝5時から7時までが、朝独学の時間としてルーティーンになっています。

書籍やブログ記事を執筆したり、読書をしたり、簿記のように資格試験の前であればそのための暗記学習だったり、なんらかの学習にあてる時間です。

もともと朝が得意だったわけではありませんが、夜早めに寝て朝早く起きることを習慣化したことで、今では苦労なく勝手に目が覚めて体が動きます。

大学受験のときであれば、高校3年の前に2年間続けたアルバイトを辞めました。学校が終わってから夜の22時までアルバイトをやっていたので、そのぽっかり空いた時間を、テレビや休憩に使うのではなく、そのまま勉強時間にシフトしました。

毎日やっていた過去のルーティーンをやめることで、新しいルーティーンを確立しやすくなります。

人間は毎日繰り返していることは、自然とできるよう

になるものです。たとえ勉強が嫌いな人でも、学校は毎日通っているので自然と身体がそのように動くようになります。

　そうすると、嫌いな勉強でも毎日続けられるようになります。学校に通って授業を受けるという繰り返しは、誰でも勉強を続けられるようにするための習慣化という手法を使っているのです。

　塾や習い事が人の意志力に左右されずに続けやすいのも、何曜日の何時に同じ場所で行うことが決まっているので、それが1週間の生活リズムのなかで習慣化されやすいからです。

　学校や塾に頼るのも一つの方法ですが、自分で生活リズムをつくって、暗記の時間を習慣化してしまうことで、苦痛なく自然に、そして確実に大きな成果を生み出すことが可能です。

　朝起きた後、通学通勤時間、昼食後、帰宅してすぐの時間、夕食後、夜寝る前など、1日の生活で必ず発生する時間があるかと思います。

　その生活リズムのなかに、暗記時間が必ず入るようにルーティーンをつくります。

　どのタイミングに習慣化させるかは、それぞれのリズムや好みに合わせてだいじょうぶです。

　一番やりやすい時間に、自然と身体が動くようなリズ

ムをつくることです。

およそ2週間、毎日同じ時間に繰り返すことができるようになれば、習慣化できたとみてよいでしょう。

まずは1日30分、2週間続けることを目標に実践してみてください。2週間の習慣化に成功すれば、自分自身に合った暗記ルーティーンが確立できるでしょう。

暗記の
ルーティーン化

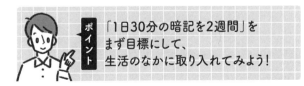

ポイント 「1日30分の暗記を2週間」を
まず目標にして、
生活のなかに取り入れてみよう!

長時間の勉強を可能にする「休息の技術」

　1日の生活リズムとルーティーンを考えるときに、実は勉強や暗記以外の時間をどのように使うかも重要です。

　たとえば、1日10時間勉強しようとしたとき、ぶっつづけで10時間連続で勉強することは普通の人間は不可能です。ましてや、10時間連続で暗記に費やすならなおさらです。

　これを1時間おきに分解して、1時間暗記に取り組んだら、10分から30分の休憩（平均20分）をはさむとしましょう。1時間20分の暗記と休憩のセットを10セットなので、13時間20分で達成できます。すると朝8時から夜9時半まで10セットが実践できるという計算になります。

　普通の人間は10時間ぶっつづけで勉強することは不可能ですが、間に休憩を効果的にはさみ、その生活リズムを習慣化できれば普通の人でも実践可能です。

　したがって、実は、休憩時間を効果的に使うことが、暗記時間をたくさん確保するポイントになります。

✎ 勉強をリスタートしやすい休憩時間の過ごし方

　休憩時間で私がおすすめしたいのは、軽く身体を動かすことです。先にも、つぶやきウォーキング暗記術を紹介しましたが、身体を動かすことで血行がよくなり脳の働きが活性化するからです。

　じっと止まって頭を使った暗記学習のあとには、その逆の作業である身体を動かすことが全体のバランスがとれてリフレッシュにつながります。

　単純に、勉強していると眠くなるけど、運動すると目が覚めますよね。その効果を生活リズムのなかに習慣として取り込むのです。

　身体を動かすうえで、一つおすすめなのが「**筋力トレーニング**」です。筋トレは家のなかでも、ちょっとしたスペースがあれば短時間でできます。

　また、数字目標などを設定すると、日々の成長を実感しながら取り組めます。

　たとえば、腕立て伏せを30回できる状態から50回できるようになるという目標設定をします。昨日までは30回しかできなかったのに、今日は32回できたとなると、やはりうれしいものですし、日々の成長を実感できます。

毎日繰り返し続ければ、必ず効果が出て成長できるという感覚を筋トレでも持つことができれば、そのポジティブ思考が暗記にもつながるのです。

　筋トレは10分ほどの短時間でできてしまうこともメリットの一つです。暗記作業後の休憩時間に集中的に取り組んで、血行がよくなりリフレッシュできたら、すぐにまた暗記学習に戻りやすいです。

　とはいえ、普段運動しない人にはキツイかもしれません。そこで、**筋トレ以外にも、「ストレッチ」も眠気が覚めてリフレッシュできるという点で同様に効果的です。**

　1回目の休憩は腕立て伏せ、2回目の休憩はストレッチ、3回目の休憩は腹筋などのように、1回で無理をせずに、1日の生活リズムのなかでパターンを決めておくのもよいでしょう。

✏ 心の満足感を得るトレーニング「心トレ」

　筋トレなど身体を動かすこと以外で、もう一つお薦めなのが、他の人のために生きる奉仕の実践です。

　私はこれを心のトレーニング、略して「心トレ」と呼んでいます。

　私は高校時代、親が家にいなかったこともあり、妹の分も含めて家事全般をすべてやっていました。

食事の準備から食器洗い、そうじ、洗濯などです。一般的に考えれば、家事は面倒なことですし、受験勉強のときには時間がもったいないと思うかもしれません。

　でも、これらを勉強の合間の休憩時間にはさむことで、効果的なリフレッシュにつながったのです。

　たとえば、食事のあとに1時間勉強して、勉強で疲れたらためておいた食器洗いを15分ほど行います。

　水作業をすると、手が刺激されて眠気が覚めるのです。洗濯物を干す作業も、ベランダに出て日光を適度に浴び、風を肌で感じると、気分がよくなって勉強のストレスが解消されます。そうして、再び勉強に戻ると驚くほど集中できるのです。

　これは**身体を動かして血行をよくしたり、環境を変えたりするというリフレッシュ効果もありますが、誰かのために生きているという心の満足感が、人生そのものに対してポジティブな気持ちにさせてくれるからです。**

　また、誰かのために生きると、自分自身も多くの人から支えられて生きていることに気づき、感謝の気持ちが芽生えます。他者への感謝と、生かされているという実感が、明日への生きるエネルギーになります。

　心をトレーニングする「心トレ」によって、どんなことにも挫折しない折れない心、ポジティブな心を成長させるのです。

暗記や勉強は頭脳を鍛える「脳トレ」です。

　でも脳ばっかり鍛えて頭でっかちになっても、疲れて
しまいますし、バランスがとれません。心トレ、脳ト
レ、筋トレの心技体を鍛えることで、生活リズムが安定
し、何があっても変わらず続けられる力を備えることが
できるのです。

筋トレ　　　　　　　心トレ

ポイント
脳が疲弊しないために、
休憩時間に体と心をうまく鍛えて
バランスをとりましょう。

脳に効くおすすめの
「三大暗記フード」

　暗記によい１日のルーティーンや生活習慣について触れてきました。ここで食べ物についても、脳の活性化につながり、暗記を後押しするようなおすすめの「暗記フード」を紹介します。

　英語では「brain foods」と呼ばれているものです。

　ところで、東大生協には「頭脳パン」というパンがたくさん売られており、東大生にはお馴染みになっています。頭脳パンとは、小麦粉 100 グラム中ビタミン B1 を170 ガンマー（0.17mg）以上含有した「頭脳粉」で作られたパンのことを指します。ビタミン B1 が頭をよくするというのは、『頭のよくなる本』（光文社）の著者、慶應義塾大学教授林 髞 博士の学説です。

　ぶどう糖が分解されて脳のエネルギーになりますが、その分解に必要なのがビタミン B1 ということです。

　金沢製粉が頭脳粉を製造し、伊藤製パンが頭脳パンを製造販売しています。

　個人的には頭脳パン自体を強くおすすめするわけでは

ありませんが、東大生協でお馴染みで暗記フードとして
有名なので、紹介しておきました。

　私が実際に食している「暗記フード」は、**コーヒー、**
高カカオチョコレート、大豆製品の3つです。

① コーヒー

　コーヒーは、カフェインが睡眠物質であるアデノシン
という脳内物質を抑制させることで、覚醒効果と集中力
を高めるのに役立ちます。

　また、記憶や学習に重要な役割を果たす脳の海馬の神
経細胞の働きを強化し、記憶力を高めるという実験結果
もあります。

　飲んでからおよそ20分後に脳の覚醒が始まり、60分
後をピークに4時間ほど続きます。勉強、暗記で集中し
たい時間から逆算してコーヒーを飲むのがよいでしょう。

　私は、早朝に起きると一番にコーヒーを飲みます。

　それからメール・SNSチェックをして、勉強や執筆
などアウトプットの準備をして15分後くらいに勉強の
集中時間に入ります。

　朝のこの時間は驚くほど集中できます。また、お昼休
憩のあと、午後一番にもコーヒーを飲みます。

　朝のコーヒーの覚醒効果がなくなった頃、午後の時間

は眠気もおそいやすいので、もう一度コーヒーをカンフル剤とします。夜は最近は早めに就寝することにしているのでコーヒーを飲みませんが、夜遅くまで勉強をしていた時期は夕食後の20時頃に飲んで、最後のひと踏ん張りをしていました。コーヒーは1日3杯ほどが適量のようです。

一方で、コーヒーに砂糖やコーヒーフレッシュを入れて飲みすぎると、糖分の摂りすぎなどにつながってしまうので避けたほうがよいです。コーヒーを頻繁に飲むのであれば、ブラックコーヒーがよいでしょう。

② 高カカオチョコレート

2つ目は、定番かもしれませんが、「暗記フード」として高カカオチョコレートをよく食べます。

チョコレートの主原料であるカカオに含まれるカカオポリフェノールは脳の血流量を増やし、脳由来神経栄養因子（BDNF）を含む血流の増加によって記憶や学習などの認知機能を高める可能性が研究によって示されています。特に、カカオ70%以上の高カカオチョコレートに含まれる高濃度のカカオポリフェノールが効果を発揮するようです。

カカオ95%や86%、72%などと表示されている、明治の「チョコレート効果」などがおすすめです。

1枚に含まれるポリフェノール量が多く、逆に糖質量

は低く抑えられています。

　カカオポリフェノールは一度にたくさん摂取しても排出されてしまうので、1日3枚から5枚が目安とのことです。カカオポリフェノールに含まれるエピカテキンの血中濃度は2時間でピークに達し、徐々に体外へ排出されるので、午前、午後、夕方など1日数回に分けて食べるのがよいでしょう。

3 大豆製品

　3つ目の暗記フードは大豆製品です。

　豆腐、納豆、味噌汁など、大豆製品は様々なかたちで食生活に取り入れられます。

　大豆は健康のいい食べ物として一般的にも知られていますが、脳機能の向上にも効果的です。大豆にはレシチンが含まれており、脳や神経組織に多く存在している成分で、レシチンは、神経伝達物質であるアセチルコリンの生成を促して、記憶力や学習機能の向上に寄与するといわれています。

　また、大豆に含まれる大豆ペプチドの摂取は神経栄養因子である NGF、BDNF、NT－3の発現を上昇させることで、認知機能の低下を抑制することが確認されています。さらに、神経伝達物質やその受容体機能の促進効果を持つ神経調節性アミノ酸や、脳損傷からの回復を促進するアミノ酸が増加することも報告されています。

食習慣は毎日繰り返し、積み重ねられるものです。毎日の積み重ねが、長期的には大きな違いを生み出すことになります。脳機能を活性化させ、暗記力を向上させるのに、実は食習慣を意識することも大切な要素の一つなのです。

◎ 三大暗記フード

1. コーヒー　2. 高カカオチョコレート　3. 大豆製品（豆腐・納豆など）

ポイント 3つの「暗記フード」を無理なくとりいれて暗記の強力な味方にしよう！

暗記脳にダメージを 与える「三悪習慣」

　脳によい食習慣、暗記フードについて紹介しましたが、逆に脳に悪い習慣もあります。

１つ目は、お酒の飲み過ぎです。

　お酒を飲み過ぎると、自己コントロールができなくなったり、記憶が飛んだり、二日酔いで頭痛になったりと、脳によい影響がないというイメージは一般的にも持たれているかと思います。

　科学的にもアルコールが脳に悪影響を与えることは実証されています。オックスフォード大学とロンドン大学の研究チームは、脳のMRI（磁気共鳴画像法）検査を受けた平均43歳の男女550人を対象に過去30年のデータを解析した結果、飲酒量が多いと海馬萎縮を発症するリスクが高まり、記憶や空間認知に影響を及ぼす可能性があるという研究を発表しています。海馬の萎縮リスクは、アルコールを飲まないグループと比べて、週30ドリンク（１ドリンクはアルコール８グラム、アルコール度数5%のビール200mlに相当）以上の多量飲酒のグ

ループで 5.8 倍、週 14 〜 21 ドリンクの適量飲酒のグループでも 3.4 倍高まります。さらに、週 1 〜 7 未満しか飲まないグループでも、海馬の萎縮リスクを抑制する効果はみられなかったとのことです。

　飲み過ぎが脳によくないことは数値からも明らかになっていますが、適量のお酒でも脳にダメージを与えていることが分かります。

　未成年者であればなおさらで、脳が成長している時期にお酒を飲むと神経細胞を破壊し、脳萎縮を早くもたらす危険があるといわれています。

　法律上禁止されているだけでなく、脳機能の低下という点からもリスクが高く、もったいない習慣だと感じます。

　ちなみに、私はお酒を一切飲みません。身体にも、脳にも、心のコントロールにもよくないと考えているので、お酒は一切飲まないというルールを設定しているからです。飲み会には参加しますが、飲まないことにしているとはっきりと伝えれば、人間関係や仕事でも困ることはありません。

　おかげで、記憶力や脳機能の低下を一切感じることはありません。飲み会後の夜や翌日の朝に、頭痛で頭が働かない、暗記に支障が生じるということもありません。

　2 つ目の悪い習慣は、学習中のスマホです。

勉強や暗記もスマートフォンのアプリを使ってできることもありますが、学習時間に学習目的以外にスマホを気にし始めると集中力が落ちてしまいます。

　友達から LINE でメッセージが届いたり、Facebook や Twitter、Instagram の投稿が気になったりすると、暗記に必要な集中ができなくなります。

　暗記時間、学習時間は終了時間まで必ずスマートフォンを触らない、電源をオフにするか、マナーモードにして、視界から外れたところに離しておいておくといったルールを決めておくのがよいです。

　スマホはやり始めると時間がいくらでも奪われるという問題もあります。学習の合間の休憩時間に SNS をチェックするくらいはよいですが、際限なくやり続けると、時間のムダになってしまうという点でよくありません。休憩時間のスマホ使用も時間を決めたり、やることを決めておいて、メリハリをつけて付き合うのがよいでしょう。

　3つ目の悪い習慣は、過度で慢性的なストレスです。

　人間関係に悩んでいたり、大きな心配事があったりすると、勉強に集中できないという経験はないでしょうか。あるいは、緊張でパニックになり、頭が真っ白になって覚えていたことをすべて忘れてしまったということもあるかもしれません。

ストレスは大脳皮質前頭前野に影響を及ぼすといわれています。前頭前野には抽象的な思考に関わる神経回路があり、集中力を高めて作業に専念させる役割や、情報を一時的に記憶するワーキングメモリーとして働く機能があります。

　慢性的なストレスにさらされると、前頭前野の樹状突起が萎縮し、これらの機能が低下する可能性があるのです。

　うつ病や依存症、心的外傷後ストレス障害（PTSD）などの心の病も、こういったストレスによる脳内変化が原因といわれています。厚生労働省によると、うつ病の生涯有病率（これまでにうつ病を経験した者の割合）は日本では3～7％です。決して他人事ではありません。うつ病を発現する前のストレス予備軍も、かなりの数がいるのではないかと思われます。

　ストレスを溜め込みすぎてしまうと、精神的にも、脳の働きからもみてもダメージを受けてしまいます。

　可能であればストレスの原因となっている人間関係をうまく整理したり（解決できなければ、人事部に訴えたり、職場を変えるのも一つの方法）、運動や歌などの趣味を思いっきりやってストレス解消したり、ストレスをコントロールすることは暗記脳にとっても大切です。

　ちなみに私は、運動を1日20～30分間やることに

決めており、その習慣が体力維持だけでなく、ストレスコントロールにもつながっています。

先に紹介した、他の人のために生きる「心トレ」の実践も、人間関係を良好にし、ストレスコントロールにつながります。

お酒の飲み過ぎ、長時間スマホ、そして過度なストレスといった暗記脳へのリスクを上手にコントロールし、生活習慣のなかで脳へのダメージを抑えることも実は重要な要素なのです。

✕ 三悪習慣

1.アルコール　2.学習目的以外のスマホ　3.ストレス

ポイント

習慣を一度見直してみて。
悪い習慣は今すぐ断ち切ろう！

今から1週間で
成果を出す
超実践「英単語暗記術」

　暗記術の細かいポイントは分かったけど、今すぐにでも成果を確かめたいという方もいるでしょう。

　暗記術は集中すれば1日からでも成果を実感できますが、ここでは1週間で成果を出す実践的方法を具体的に紹介します。学生にも社会人にも効果的な英単語の暗記術です。

　1週間を分解すると土日2日間と平日5日間です。平日は学校の授業や仕事があり、休日は丸1日時間を使えるとします。

　まずは、1週間で使える時間を割り出して、暗記戦略を立てます。

　平日は朝6時から7時の1時間、通学/通勤時間が行き15分、帰り15分、帰宅夕食後20時から21時の1時間、入浴後21時半から22時半の1時間、合計すると3時間半です。普段の就寝起床時間にもよりますが、日中の授業や仕事に支障がないよう、**睡眠時間を削って無理をしないことが大切です**。

　土日は朝6時から7時に暗記、朝食をはさんで8時

から9時、10分休憩して9：10から10：10、50分間朝の散歩や休憩をしたあと11時から12時、これで午前中で4時間です。

　休日は朝起きるのが遅くなって午前中の時間をムダにしてしまう方が多いですが、それではもったいないです。**平日と同じリズムを維持するようにしましょう。**

　12時から1時間の昼食をはさんで、13時から14時に暗記、10分休憩して14：10から15：10、ここで50分間音楽を聴いて歌ったり、ストレッチをしたり、体を動かしたりしてリフレッシュします。

　16時から17時、20分休憩をはさんで、17：20から18：20。夕食の準備と食べるのに余裕を持って1時間40分で20時まで。20時から21時、30分の入浴後、21時半から22時半。これで午後は6時間です。

　土日は合計して1日で10時間の暗記学習タイムを確保できることになります。休憩もこまめにはさみ、散歩やリフレッシュタイムも入れ、就寝時間も早くに設定しているので、10時間という印象よりも無理のないスケジュールではないでしょうか。

　仕事をしているときよりも休憩がたくさん入っていると考えると、楽な気持ちになります。

　平日3時間半×5日間、土日10時間×2日間を合計

すると、1週間で37.5時間を確保することができます。

　暗記を長期記憶に定着させるには何度も駆り返すことが大切なので、37.5時間を使いきって1回だけ英単語を暗記するのではなく、7回繰り返すスケジュールを考えましょう。

　そうすると、1回目13時間、2回目9時間、3回目6時間、4回目4時間、5回目3時間、6回目1.5時間、7回目1時間で合計37.5時間です。かかる時間は実際にやってみると多少変動しますが、あくまで目安の計画として考えておきます。

　先にも述べたように、だいたい30分20個セットが英単語を覚えるのにちょうどよい時間なので、1時間で2セット40個に取り組みます。1回目13時間で40個を13セット、少し余裕を持たせて、英単語500個の暗記が目標として立てられる数字となります。

　この500個の英単語を、1週間で7回繰り返して完璧に覚えることが可能になります。

　1回目よりも2回目のほうが覚えられている単語数が増えていますし、3回目、4回目と重ねていくうちに段々と正答率が上がるはずです。3%、20%、40%、60%、80%、90%、100%のように推移していくイメージです。

　自分の成長を確実に、こまめに確認できることが成功の秘訣です。そして、不正解だった単語の暗記作業にか

ける時間が、回を重ねるごとに少なくなります。

　机の前に座って集中できる時間は、自分で小テストをしながら、分からなかった単語はノートに書いて、しゃべって、五感をフル活用して暗記します。

　また、付箋にも書いて、トイレや冷蔵庫などに貼り付けておきます。単語帳は常に持ち歩くようにしましょう。

　移動の通勤・通学時間は、ノートに書くことはできないので、小テストをして暗記できているか確認したり、心のなかでつぶやいたりして暗記作業をします。英単語アプリを使うと、電車で立ちながらでも、スマホをいじって遊んでいる感覚で暗記に取り組めます。

　土日は長時間暗記作業をしていると、休憩を入れたとしても疲れてしまうので、たとえばお昼のあとの眠くなる時間帯は、家のなかを歩きながら暗記をしたりするとよいです。暗記フードであるコーヒーや高カカオチョコレートを、朝、午後、夜のポイントで口にすると集中力が高まります。

　自分のなかで暗記のルーティーンと生活リズムをつくって、それが習慣になってしまえば、苦痛なく確実に実践することが可能です。

　いきなり１年間やれと言われても気が遠くなるかもしれませんが、まずは１週間と思えばできるのではないでしょうか。

　実は、私はこの方法を実践して、TOEFLのリーディ

ングで満点を出しました。TOEFL でスコアが伸び悩んでいたとき、リーディングで難しい単語に関する問題が出たときに取りこぼしていたことに気づき、改めて TOEFL 頻出英単語に集中的に取り組んだのです。

そして、短期間で TOEFL 単語集をすべて暗記して試験を受けたところ、リーディングが 30 点満点中 25 点だったのが、いきなり 30 点満点にあがりました。

TOEFL 全体のスコアも当時の CBT という形式で、300 点満点中 250 点から 273 点に上昇し、ハーバード大学院の合格基準をクリアする一つの要素になりました。

たとえ 1 週間でも、確実に暗記の成果を出すことができます。そして、その実感した成果を自信につなげ、確立した暗記のルーティーンを生活習慣のなかに取り込めば、長期的にも大きな目標を達成することができるでしょう。ぜひ、今すぐにでも、今週 1 週間の超実践暗記術に挑戦してみてください。

ポイント 短期間で効果を出したい時に実践してみよう！ 1週間でもあきらめなければ成果は出ます。

試験本番で
思い出せないときに
パッと思い出す秘策

がんばって暗記したものも、試験本番になって「ど忘れ」してしまうこともあります。

確かに暗記したはずで頭のなかに入っているはずなのに、どうしても出てこない、という経験をしたことがないでしょうか。試験だけでなく、人の名前を言おうとすると出てこなかったり、言いたいことの言葉が出てこなかったりして、「あれ、あれなんだっけ……」みたいな経験があるかと思います。

人間は忘れる生き物なので、これも仕方ないといえば仕方ありません。

でも、せっかく暗記に取り組んだなら、試験ではしっかりと思い出して実力を発揮したいですよね。

✏ 思い出すための秘策は「あいうえおもい出し術」

試験本番で暗記したものがどうしても思い出せないときに思い出すための秘策があります。

それは、「あ…、い…、う…、え…、お…、か…、き

…」と、**あいうえお順で思い出したい言葉を脳から引き出す方法**です。一度は暗記しているはずだけど、試験本番のその瞬間に忘れてしまっているので、頭文字のヒントを順番に自ら探していくのです。

　思い出したい言葉の頭文字にたどり着いたら、記憶がパッとよみがえり、言葉が脳から出てきます。

　いわばヒントを与えられたような感覚です。英語を思い出したい場合は、「a...b...c...」とアルファベットを順番に追って思い出します。

　これは私自身が小さいときから実践してきた方法です。どんなに暗記をがんばっても、試験本番のときに1問か2問、ど忘れしてしまうことはよくあります。

　そこで思い出せないままで終わってしまえば、98点や95点になってしまいますが、思い出すことができれば100点を取れるようになります。

　そんなときに、「あいうえおもい出し術」を使って、暗記したものを脳から引き出すことで、あと一歩を克服し100点が取れるようになるのです。

　もちろん、もし思い出したい言葉が、「わ」や「ら行」などから始まる場合、時間がかなりかかってしまいます。試験本番では、思い出せないものは1回飛ばして、すべての問題を一通り解き終わったあとに、時間がまだ余

っていれば、もう1回思い出せなかった問題に戻ります。

　そこでじっくりと、「あいうえおもい出し術」を行うのです。3分くらいやると、1回暗記したものであれば思い出すことができるものです。

　どうしても出てこなかったものが出てきたとき、すごくうれしいものです。**あと一歩のつめを完成させられるので、試験でも点数が伸びます。**

　本番でど忘れしてしまったとき、ぜひ実践してみてください。

ポイント

ど忘れは試験につきもの。「あいうえおもい出し術」を駆使して最後まで粘ろう!

試験直前に
やっておきたい暗記術

　暗記術の観点から、試験直前には何をすべきでしょう。

　結論から言うと、これまで暗記したことを、もう一度振り返ることです。

　試験直前の段階になってしまったら、焦って新しいことを暗記しようとするよりも、既に学習したものを、もう一度確認して、暗記の念押しをします。

　人間の脳はどうしても忘れやすくできています。

　一度覚えたと思っていたものも、時間が経つといつの間にか忘れてしまいます。

　特に、新しいことを暗記しようと脳を酷使すると、前に暗記した古いデータが消去されてしまうことがあります。試験直前で新しいことを暗記しないほうがよいのはそのためです。

　また、試験本番になると、緊張してプレッシャーがかかったり、時間の制限があったりして、暗記していたはずのことを、いわゆるど忘れしてしまうことがあります。

　その**ど忘れを防止するためにも、直前には念押しの最**

終暗記チェックが効果的です。試験前日の朝や日中などは本番に近いかたちで模擬テストを自分でやったり、既に解いたことのある過去問を

もう一度解いて確認したりするのがよいです。

　これまで勉強してきたことを踏まえて、本番に向けた「リハーサル」を行います。既に解いたことのある過去問をやるのは、暗記の最終確認であるのと同時に、自信をつけて、本番に向けた心理的準備を整えるためです。

　前日の夜になったら、模擬試験や過去問で間違えたところや、これまで暗記してきたなかで、覚えづらかったもの、間違いが多かったものを重点的にチェックします。

　新しく暗記するというより、既に暗記したことを最終確認する程度です。あまり、夜遅くまで起きて、睡眠時間を削ると、本番のパフォーマンスが落ちてしまうので、徹夜は避けたほうがよいでしょう。

　試験当日になったら、その日の朝にもう一度、これまで勉強してきた参考書をざっとめくって読み流します。

　自分が重要だと思ってチェックをした箇所や、苦手意識があるところは再確認します。

　とはいえ、本番当日は既に時間が残されていないの

で、焦って何かをやろうとするよりも、気持ちを整えることを意識したほうがよいです。

これまでやってきた参考書のページをめくるのも、自分のやってきたことを確認して、自信を持ってのぞむためでもあります。

私は試験本番の 15 分前くらいになったら、静かに瞑想します。心を落ち着かせ、自分の努力を信じ、実力がその通り発揮できるように天に祈るイメージです。

一発勝負によるプレッシャーからのストレスを抑え、心理的な平常心の状態をつくることで、これまでの暗記の力が本番でも十二分に発揮できるようになるのです。

本番直前になると焦って新しいことを暗記しようとして、心理的に不安になり、本来のパフォーマンスを発揮できない人も少なくないと思います。

それよりも、これまでの暗記を総まとめして、本番のど忘れを防止し、最後は自信を持ってのぞむのがよいでしょう。

ポイント　新しいことよりも今まで暗記してきたものを中心におさらいしよう！　自信を持ってGO！

YouTubeで
楽しく反復する暗記術

　英語の暗記というと、どうしても楽しくない苦行のようなイメージがあります。

　先に紹介した英単語暗記術などがそうでしょう。暗記の基本は繰り返しなので、しかたないところもありますが、やはりどうしても疲れてしまうことは否めません。

　そこで、楽しみながらも反復ができてしまう、英語の暗記術を紹介します。

　それが**好きな洋楽を歌いながら歌詞を丸暗記する暗記術**です。

　先にも触れた、「もしもしかめよ　かめさんよ」の歌に合わせて覚えるといったように、歌による暗記術は楽しく印象に残るかたちで記憶に定着させられるので、効果的な暗記術です。

　この歌暗記術を英語にも応用します。洋楽の英語の歌詞を楽しみながら口ずさむことで、自然に英語のフレーズを暗記するという方法です。

　どんなに勉強が嫌いで苦手な人も、好きな歌手の好き

な歌は、いつの間にか覚えて歌えてしまいますよね。それは暗記に成功しているということです。

この歌によるマジックを、英語にも応用してしまえばよいのです。

✏ 洋楽を楽しく長期記憶する視聴方法

自分が好きな洋楽の歌手、歌をまずは探し出してみましょう。何度聴いても、何度歌ってもよいと思えるような、好きな歌を選ぶことが重要です。

当然ですが、洋楽の歌詞には英語のフレーズがたくさん含まれています。これらをまじめに覚えようとすると、普通の勉強になって疲れてしまいますが、歌を歌えば逆にストレス解消しながらも英語フレーズの暗記になります。しかも、歌暗記術を応用しているので、長期記憶にも定着しやすいです。

その際に、ただ音楽を耳から聴くだけでは十分ではありません。

聴覚で英語の歌声を聴きながらも、英語の歌詞を視覚から見て、さらに好きな歌手が歌っている映像やミュージックビデオをみてイメージまでセットにするのが効果的です。

好きな歌手が歌っている動画をみると、気持ちもさら

に高まりますし、イメージとして長期記憶に定着しやすくなります。

　最近では、多くの歌手がミュージックビデオをYouTube上の公式チャンネルにアップして、視聴できるようになっています。YouTube上で、好きな曲のタイトルや歌手の名前を検索するとすぐにヒットします。

　また、YouTubeで洋楽をみるとき、歌詞をまだ覚えていない段階では、英語歌詞付きの動画を閲覧するのがよいです。**タイトルなどに「Lyrics」と書かれている動画には、音楽に合わせて英語の歌詞が表示されています。**

　YouTubeには字幕機能があり、英語字幕を表示するという設定もできるので、英語の歌詞をミュージックビデオと合わせて見て、楽しく英語のフレーズが暗記できてしまいます。

　英語のフレーズを視覚的にも確認しながら、歌の音を聴覚から聞き取り、自分でも口ずさむことで、五感をフル活用した暗記ができます。

　好きな歌を歌えば、気持ちもポジティブになり、ストレスや疲れも吹っ飛んでしまうので、単語の暗記などの単純作業で疲れたときに、リフレッシュも兼ねて実践するとよいでしょう。

✎ 無料で分かりやすく学べる英語動画

YouTube を暗記にうまく活用する方法は他にもあります。私は『YouTube 英語勉強法』という本を書いたくらい、YouTube を活用することで、楽しく、安く、実践的に英語を学べる方法を提唱しています。

たとえば、母語が英語ではない人のための英語教育として、語学留学をするとよく受ける授業で「ESL (English as a Second Language)」というものがあります。

日本の英語の授業のように、日本人の英語教師がつたない発音で日本語の解説も混ぜながら行う授業とは異なり、ネイティブ・スピーカーで、かつ英語教育の専門資格を持った人が教えてくれるので、分かりやすく実践的です。この ESL の授業をわざわざ留学しなくても、YouTube 上で、いつでも無料で視聴することができます。

YouTube 上で「ESL」と検索すると、たくさん ESL の分かりやすい英語授業の動画がヒットするので視聴してみてください。

さらに YouTube のよいところは、繰り返し視聴できることです。本当の授業は、先生に同じことを何度もや

ってほしいとは言えませんが、YouTube であれば何度も簡単に再生し直すことができます。

　暗記は反復が効果的なので、同じ ESL 動画を何回も視聴して、さらに自分自身も真似して英語で話してみることで、学習の定着につながります。

　YouTube をうまく活用して、生の英語を繰り返し視聴することで、英語を自然に暗記することができるのです。

好きな洋楽などをYouTubeで楽しく視聴しながら勝手に覚えてしまう仕組みをつくろう!

スピーチを
まるまる覚える暗記術

〈暗記 1.0〉は試験や英会話だけでなく、様々なことに応用可能です。

たとえば、私の場合、英語スピーチコンテストや、韓国語スピーチコンテストに参加したことがありますが、その際にも **10分間のスピーチを完璧にまるまる覚えてのぞんだことでコンテストで優勝できました。**

このときにも、〈暗記 1.0〉を活用しています。その方法を紹介します。

✏ 記憶が強固になる原稿作成の方法

スピーチ原稿を書く際には、**まるで映画を観ているように各シーンが目に浮かぶようなストーリーを構成します**。聴衆にも共感してもらい、内容が伝わるためにでもありますし、自分自身の原稿の暗記という観点からも、イメージでも覚えられるようにするためです。

よく発表用のパワーポイントで写真や図表を挿入しますが、仮にパワーポイントを使用しないスピーチだとし

ても、その段落で**共有したいイメージはなにか、もし挿入するとしたらどんな写真を入れるか想像しながら、原稿を書いたり、読んだりするのがよいです。**

また、スピーチ原稿の論理構成がどのようになっているのか、明確に認識したうえで原稿を書き、準備します。起承転結をどのように展開しているのか。課題とその解決策をどう提示しているのか。解決策の妥当性を補完する他の事例はどこで示されているのか、などを意識して原稿を書いたり、自分自身で読み解くことで、その論理的な流れが頭に入りやすくなります。ロジックを理解する暗記術です。

🖊 ベストスピーチにするための反復練習のコツ

イメージとロジックをつかんだら、あとは反復です。

10分の外国語のスピーチであれば、1週間あれば完璧に暗記できるでしょう。ある程度覚えるという程度であれば、1日時間をじっくりかければ暗記できます。

イメージとロジックを頭のなかに叩き込んだら、あとは声を出して、本番のように感情を込めて読むことです。

最初は、原稿を見ながらでよいです。10分のスピーチを読むには、本番さながらに読もうとすると、やはり

10分間はかかります。

　まずは１時間かけて、５回繰り返し、声を出して読んでみましょう。３回目、４回目からは、原稿を見なくても出てくるところは原稿なしで話すようにトライしてみます。すぐに言葉が出てこなければ、そのつど原稿を確認して進めます。

　この１時間のスピーチ暗記トレーニングを、休日であれば３セットほど繰り返すと、ある程度原稿なしでもスピーチができるようになるでしょう。合計で15回の反復です。

　そしてある程度暗記をしてしまえば、あとは移動時間やスキマ時間に、スピーチの「リハーサル」を実践できます。

　たとえば、歩いて移動しているときに、原稿なしで小声でスピーチをしたり、家でもちょっとした時間に、10分だけスピーチをそのままやってみます。

　原稿は常にポケットなどに入れておき、思い出せなかったら原稿をチラッとみて確認し、続けるとよいです。また忘れやすい箇所があるならチェックをしておき、重点的にその箇所だけさらに反復して暗記することで、苦手箇所がないようにつぶしていきます。

　平日に学校や仕事がある日でも、こういったスキマ時間の活用であれば、１日に４回から７回くらいは「リハーサル」を実践できるでしょう。平日５日間であれば、

20回から35回繰り返しができます。休日の初日で15回反復したのと合わせると、合計して35回から50回繰り返したことになります。

　ここまですれば、すべてを完璧に暗記した状態にもっていけます。迷いなく、感情を込めて、思い浮かべる情景のイメージを聴衆と共有しながら、スピーチができるでしょう。コンテストであれば優勝できるレベルです。

　スピーチをまるまる覚える暗記術は、コンテストだけでなく、国際会議など重要な場面で英語のスピーチをしなければならない、商談がかかっているビジネスシーンでプレゼンをしなければならないといったときにも役立ちます。原稿をたどたどしく読んで聴衆に伝わりづらいスピーチをするより、暗記をして感情をこめて話したほうが聴衆の心を動かすことができます。

　そして、英語（外国語）でも完璧にスピーチをして、聴いている人を感動させ、たくさんの拍手をもらえたという経験は大きな自信にもつながります。

　また、次章の〈暗記2.0〉で詳述しますが、英語などの外国語でなく、日本語でも自信がないときは原稿を丸暗記して、スピーチをしたり、プレゼンをするということもあります。

　外国語のときほど時間をかける必要はありませんが、

イメージとロジックをつかみ、反復してリハーサルを繰り返すというスピーチ暗記術に変わりはありません。

　原稿なしで話すスピーチやプレゼンのほうが、原稿を読むよりも、聴衆の心を動かし、伝わることは間違いありません。

　必要な場面があったときは、ぜひスピーチ暗記術を実践してみてください。

ポイント
イメージとロジックを
最初につかむことが
スピーチを覚える秘訣。

1週間で簿記3級に
合格する暗記術

　英語学習だけでなく、資格の取得にも〈暗記1.0〉は役立ちます。

　本パートの冒頭に、「重要なのは暗記戦略とプランニング」と書きましたが、資格取得という明確な目標がある場合、特にそのことがあてはまります。

　いかにして、**資格試験合格のための戦略とプランニングを立てて、実践するかが肝**になります。一例として、私が1週間で簿記3級に合格した暗記術をご紹介します。

　私は職場の業務命令として、簿記3級を取得しなければならないというときがありました。

　1ヶ月に1回は長期の海外出張に行っていた、超多忙な時期です。さらにプライベートな時間を使って本も書いていて、原稿の締め切りにも迫られているような状態でした。周りの同僚たちは資格スクールや簿記講座に通っていましたが、私はそんな時間は確保できそうにもありませんでした。

　そこで私は、簿記3級を1週間の独学で、出題ポイ

ントを暗記して合格するというプランを立てました。

　これまで簿記を勉強したことがないし、当時は好きでもありませんでした。ただ会社の命令として資格を取らないといけないので、期日を定め目標設定したのです。

✎ 合格基準を見て「やらないこと」を決める

　まずは戦略とプランニングです。

　簿記3級はネット上にもたくさんの合格体験記や対策法が載っているので、週末にそれらをざっと読んで戦略を練り、自らのモチベーションを挙げました。

　さらに、過去問もまずは一度やってみました。まったく勉強していないので、当然ほとんどできませんが、どんな試験なのかをだいたい理解して、勉強するためのポイントをつかむためです。

　戦略としては、**合格基準が70点以上ということを知り、完璧にマスターしなくても、ある意味1週間の付け焼刃でもなんとかなるということを確認して計画を立てました。**100点や90点狙いであれば、対策の仕方や時間のかけ方は異なりますが、あくまで資格取得という目標の達成であれば、70点以上取れれば十分なのです。

　70点代後半を取るくらいの対策が、効率的には一番よいといえます。

　次に過去問題集と、『10日で合格（うか）る！　日商

簿記3級最速マスター』（東京リーガルマインド）という参考書を購入しました。試験対策には過去問や模擬試験は必須ですし、後者の参考書は短期間で対策をするのに適していたからです。

その参考書は約360ページが10日分として分けられているのですが、私は1週間で合格したかったので、5日間でその参考書を一通りやって理解するという計画を立てました。つまり1日で2日分です。1日分は30ページ前後なので、私の場合は1日60ページ前後進めればよいわけです。

これを**仕事で超多忙ななか実践するために、朝の時間を活用しました。**

朝4時に起床して、出発準備を始める7時までの3時間が勉強時間です。夜に長時間残業や飲み会が入っても、朝起きさえすれば時間は確保できました。睡眠をとっているので、疲れも夜ほどはたまっていません。

イメージを活用するなどの暗記術も実践しました。

たとえば、簿記のT勘定といわれる左側が借方、右側が貸方については、「かり」の「り」の最終画が左に伸びているので左側、「かし」の「し」の最終画が右に伸びているので右側と、イメージで暗記します。

先に挙げた参考書も、ほぼすべてのページにイラストと図表が掲載されており、イメージと合わせて暗記する

ことを補助してくれます。

　こういった簿記の暗記学習を平日の5日間続けることで、10日分360ページの参考書は一通り読んで理解することができました。

　次に、試験本番直前の土曜日に、過去問をやります。本番通りの2時間をはかっての実践です。自分で答え合わせをして、間違えたところの解説をチェックして復習します。特に間違えた箇所については、参考書にも戻ってポイントを振り返ります。土曜日は仕事がないので、丸1日使えるため、このセットを3回行いました。合計で約10時間です。2回目、3回目には70点以上を取れたので、これはいけるという感覚を得ました。

　さらに、夜寝る前には、過去問を3回実践した感覚で、もう一度参考書も読み返し、特に間違えた苦手ポイントを復習しました。

　日曜日の本番当日は、コンディションを最高の状態にするため、4時起床ではなく、無理なく6時過ぎにします。電車で試験会場への移動中に、もう一度参考書を読み返します。これで参考書を読んだ回数は、過去問で間違えた箇所を振り返った数も含めると合計6回になります。本来ならもう少し多く繰り返しをしたほうがよいのですが、資格試験の合格、7割超えが目標であれば、

この程度でもだいじょうぶだという判断です。

　結果は、計画通り１週間で簿記３級、合格でした。

　簿記３級程度のさほど難解ではない資格であれば、こういった短期集中型の独学で、暗記を中心とした対策でも十分に合格できます。ぜひ〈暗記1.0〉で、効率的な資格取得を実践してみてください。

ポイント　短期集中型の独学を実践して効率的に資格を取得してみよう!

1ヶ月で英単語4000語を
マスターする暗記術

　少し極端な例かもしれませんが、これまで紹介してきた〈暗記術1.0〉を実践すれば、このくらいのことができるという具体例を示すために、私の実体験を共有したいと思います。

　先ほどは、1週間で英単語500単語を暗記するという、誰にでも実践可能な暗記術の方法を紹介しました。

　これを応用すると、私の体験に基づくと、1ヶ月で英単語4000語を暗記することも可能です。

　私はハーバード大学院の受験のために英語を勉強していましたが、その過程のなかで、英語の語彙力が弱いことに気がつきました。

　先にも触れたように、TOEFLでスコアが伸び悩んでいたとき、リーディングで出る難しい単語の意味が分かっていないことに気づき、改めてTOEFL頻出英単語に集中的に取り組みました。

　『TOEFLテスト英単語3800』（旺文社）という単語集の本がありますが、そこに出てくる3800単語を、約1

ヶ月間ですべて暗記して試験を受けたところ、リーディングが30点満点中25点だったのが、いきなり30点満点にあがりました。TOEFL全体のスコアも当時のCBTという形式でも、300点満点中250点から273点に上昇したのです。

　私のハーバード合格に向けた、英単語暗記の物語はここで終わりではありません。アメリカの大学院受験には、GREというアメリカ人も受ける共通試験を受けて、そのスコアを提出しなければなりません。基礎的な数学問題であるQuantitativeと、論述問題であるWriting、そして語彙力が問われるVerbalという3つの試験でGREは構成されています。

　私は数学は得意なので、Quantitativeでは少しの対策をしただけで満点を取ることができたのですが、Verbalについては最初はまったく歯が立ちませんでした。

　最初の受験では800点満点中280点と惨憺（さんたん）たる結果で、TOEFLのリーディングで満点を取った後でさえも、800点満点中350点しか行かなかったのです。

　実は、TOEFL英単語3800語を完全に暗記したとしても、それは留学生に必要なレベルであって、GREのVerbalでアメリカ人の大学院レベルのネイティブスピ

ーカーが試される語彙力は、それ以上だったのです。

　そこで、英語で出版されているGRE対策の『BARRON's HOW TO PREPARE FOR THE GRE TEST』という本を探し出すと、聴いたこともないような超難英単語ばかりが4000単語載ったリストが見つかりました。

　どのくらいのレベルなのかイメージがつくように、最初の10単語だけ紹介します。

abase
abash
abate
abbreviate
abdicate
aberrant
aberration
abet
abeyance
abhor

　読者の皆さんはどのくらい意味が分かりますか？

　一つでも分かるようでしたら、よいほうだと思います。

　アメリカ人が使う英語の参考書なので、当然日本語の和訳はついておらず、英英辞典のように英語で単語の意味が記されています。

　これが4000単語というと、途方に暮れるような量な

のですが、私はハーバードに合格するためにこれを全部覚えるという決意をしました。

　アメリカ人が受ける試験でハイスコアを出すために、アメリカ人でも難しいような超難英単語4000単語を丸暗記する、それも1ヶ月でマスターするという目標を設定しました。

✎ 超難英単語でもあきらめず突破した戦略

　その方法は、まさに〈暗記1.0〉の手法を実践しました。1ヶ月間で4000語をじっくり1回で覚えきろうとするのではなく、暗記作業を7回以上繰り返すことで成功させました。

　1周目は1日400単語の暗記を10日間行います。単語の意味が分からなかったものにチェックをして、それらを暗記できるように五感を駆使して覚えます。

　そのとき、完璧にすべてを覚えられなくても、テンポよく次のページに進みます。じっくりやりすぎると、到底1日400単語もできないからです。

　1日400単語を暗記するのは、1日10時間かけて行いました。仕事や学校がない日は、そのくらいの暗記時間を確保するのは可能です。

　ポイントは、こまめに休憩をはさんで、筋トレや心トレでリフレッシュすることで、脳を疲れさせないことで

す。コーヒーや高カカオチョコレートなど暗記フードも効果的に摂取します。

　すべての方が同様に実践できるわけではないですが、当時私は時間があったので、この1日10時間の英語学習を毎日続けたわけです。

　そうして、1日10時間400単語を10日間続けると、4000単語の1周目到達です。

　次には、7日間で2周目を行います。一度暗記した単語も、テンポよく進めていますし、超難英単語ゆえに1回では忘れてしまうものも多いです。2周目でも意味が出てこなかったものに2回目のチェックを入れます。ただ、記憶が残っている単語もそれなりにあるので、1周目の1回目のチェックよりも数が少なくなります。したがって、暗記作業を行う時間は、1周目よりも少なくすみます。1周目は1日400単語で10日間かかったものが、2周目は1日580単語をカバーし、4000単語の暗記作業を7日間でできるようになりました。

　さらに、3周目以降も同様に繰り返していくと、徐々に長期記憶へと移る単語が多くなり、正答率が高まっていきます。結果的に、3周目は5日間、4周目は3日間、5周目は2日間、6周目、7周目は1日で4000単語をまるまるカバーすることができるようになりました。

　そうやって1ヶ月間で7周以上、実際には10周ほど繰り返すことで、4000もの超難英単語の暗記に成功し

ました。結果的に、**GRE の Verbal で、最初は 800 点満点中 280 点だったのが、日本人ではほとんど取得できない領域である 620 点にも急上昇したのです。**目標が 600 点だったので、目標の達成です。

この〈暗記 1.0〉の実践による、TOEFL と GRE のハイスコアも要因となり、結果的にハーバード大学院にも合格することができました。

ハーバード受験は一度不合格で悔しい思いをしましたが、そのときは〈暗記 1.0〉を実践できずに、TOEFLと GRE のスコアも低いまま不完全燃焼でのぞんで失敗しました。その反省をいかして、〈暗記 1.0〉を最大限に実践した結果、ハーバード合格という夢をつかめたのだと思います。

私は決して特別な記憶力があるわけではありません。ここで紹介しているような、暗記術を一つひとつ実践しているだけです。難関英単語 4000 単語というと極端かもしれませんが、そのくらいは実現可能だという一つの指標として参考にしてみてください。

ポイント 〈暗記 1.0〉を実現して、
難しいと思える目標でも
挑んでみよう！

あらゆる試験を突破する
〈暗記1.0超まとめ〉

　試験や語学など、暗記したい目標が明確なものに対する戦略的で効果的な暗記術を〈暗記1.0〉としてまとめてきました。

　必要とされる知識や情報を、自分の脳にインプット（入力）し、記憶として定着させるという作業であり、インプット暗記術ともいえます。

　単に目でじっと眺めて黙読するだけでなく、手を動かして書いたり、声に出して読んだり、それを聞いたりすることで、五感をフル活用させることが暗記を効果的にする第一歩です。

　そして、記憶とイメージをリンクさせることで長期記憶に残りやすくするために、その言葉を表わす絵を描いたり、画像検索で印象づけたりするといった工夫もできます。

　さらに、ゴロにしたり、歌にしたりすることで、長くて覚えづらかったり、たくさんの事項が並んでいる順番なども楽しく暗記することができ、より長期記憶に保存

しやすくなります。様々な暗記の工夫の仕方を知って、実践できるようにするだけで、暗記の効果に大きな違いがうまれます。

　また、人間は忘れやすい生き物で、短期記憶から長期記憶に移行させるためには、何度も反復することが大切です。1回だけじっくりと暗記するのではなく、なるべくはやく7回以上繰り返して暗記作業をすることで、覚えたものが長期記憶になっていきます。

　多くの人の間違いは、じっくりと1回で完璧に覚えようとして挫折してしまうことです。多少は忘れてもよいというくらいの気持ちで、テンポよく暗記作業を進めて、何度も繰り返しやることが大切です。

　その際には、自分で行う小テストや模擬試験など、自分の暗記の成果を客観的に確認するものを、定期的に計画的に入れていきましょう。

　自己の実力をより正確に現状把握し分析できるだけでなく、本格的なアウトプットをすることで、記憶がより定着しやすくなります。

　暗記のコツをつかみ、覚えたい暗記目標に対する戦略とプランニングが立てられたら、あとは1日の暗記ルーティーンを確立することです。

　人間は習慣で生きるものなので、一度その習慣化さえ

できてしまえば、苦痛なく続けることができます。

　そして、継続は大きな力になります。平日のこの時間は必ずこれをする、スキマ時間に暗記できるセットを持ち歩いておく、休日は自分の楽しみも入れてリフレッシュしながらも、ある程度の時間は暗記に費やすなど、一定のルールとルーティーンができれば、確実に実践することができます。

　その際には、睡眠時間を削ったり、身体的な無理をする必要はありません。

　暗記をサポートする脳によい暗記フードや、筋トレ・心トレを効果的にとりいれましょう。

　逆に、お酒の飲み過ぎや、スマホのやり過ぎ、過度なストレスなどは暗記脳にもダメージを与えるので意識的に避けましょう。

　〈暗記1.0〉を一つひとつ丁寧に実践していけば、必ず目に見える成果を発揮し、あらゆる試験や目標を確実に突破する力になるでしょう。

　私は、この〈暗記1.0〉の実践によって、東大もハーバードも合格し、英語や韓国語もマスターし、課せられた資格試験は1週間から1ヶ月でおおかた合格してきました。

　みなさんも〈暗記1.0〉を実践すれば、これから、合

格したいと思った試験、やりたいと思った暗記目標に対して、確実に成果を出すことができるでしょう。

　ローマは1日にして成らず。

　Rome was not built in a day.

　まずは、〈暗記1.0〉の第一歩を踏み出してみてください

GO!

Part 2 〈暗記2.0〉

どんなビジネスにも効く

最強の
アウトプット型
暗記術

これからの時代に 必要な武器としての 「暗記力」とは

Part.1では試験や語学の目標を達成するための暗記術を〈暗記1.0〉としてまとめてきましたが、検索技術が発展したこの時代にそれだけでは立ち行かないのでは、と不安に感じる人もいるでしょう。

むしろ、なんでも瞬時に検索できるのだから、暗記力など必要ないのではないか、と思う人もいるかもしれません。

これから時代が進めば進むほど、既存の意味での暗記力はその役割が小さくなる一方、質の異なる別の暗記力はより試されることになると思います。

その暗記力とはなにかというと、「**キーワードと参照元」の引き出しの多さ、そしてそれらをアウトプットしていく力**です。検索すれば関連する情報が多数出てくるということは、検索をいかに効果的に行えるかが、有用な情報に遭遇し、その情報を有効活用できるかを左右することになります。

逆にいえば、検索を効果的に行えない場合、自分にと

って有用な情報がどこかに存在していたとしても、そこにたどり着く可能性は低くなるでしょう。

これまでの時代は、いかにして自分の頭のなかに有用な情報を記憶し、貯蔵するかが、何をするにしても役立つ武器になっていました。

しかし、情報化時代においては、ネットワーク上に保存されている無数の情報から、有用な情報を検索して探し出す「検索力」がより求められる武器になります。

その検索力を高めるには、なによりも検索するための第一歩となる「キーワード」をいかに多く持っているかが鍵になります。

キーワードが頭のなかになければ、その情報はいくら検索しても決してヒットしないからです。

100のキーワードが頭に入っていれば、100通りの検索をして、それに関連する多数の情報を得ることができます。あるいは、その時々の目的によって、より的確なキーワードを選んで検索することによって、より精度の高い有用な情報を得る確度が高まります。

一方で、キーワードが一つしか頭になければ、得られる情報はその1回の検索から得られるものに限られてしまいます。目的に合わせたバリエーションのある検索もできず、有用な情報にたどり着く確度は一段と低くなるでしょう。

✎ 「英語が分からない」がとんでもなく損な理由

もう少し視点を変えると、たとえば日本語のキーワードだけでインターネット検索をすれば、当然ヒットするのは日本語サイトだけになります。たどり着けるのは日本語でまとめられた情報のみです。

しかし、同じような意味のキーワードだとしても、英語のキーワードで検索すれば、英語サイトもヒットすることになります。

インターネット上での情報の半数以上、60.5％は英語による情報だといいます（W3Techs データより、2020年12月現在）。一方で、日本語による情報は全体の約2.1％だそうです。

つまり、英語の情報量と日本語の情報量では30倍の差があるわけです。

英語のキーワードで検索する力をつければ、30倍以上の情報にアクセスすることが可能となるわけです。

より最新のトレンドや、専門的な情報、よりひろいマーケットや地域、業界についての情報にたどりつけることになります。

とはいえ、英語をネイティブスピーカー並みに完璧にマスターしていなくてもだいじょうぶです。英語のキーワードを多数持っているだけで、日本語だけのキーワー

ドよりも 30 倍の情報にアクセスすることができるようになります。そして、英語の読解力があれば、その情報をすぐに収集できますし、そうでない場合でも、自動翻訳機能を駆使しながら十分に理解ができます。

キーワードと参照元の引き出しを多く持っていることで、活用できる情報の量と質が 10 倍にも、100 倍にもなるのがこれからの時代です。

暗記力をその引き出しの多さに応用させることで、ビジネスや実務、様々なアウトプットに役立つ力になります。情報化時代における新しい時代の暗記術を本著では〈暗記 2.0〉と称します。

これから〈暗記 2.0〉の詳細についてお話ししましょう。

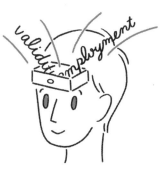

ポイント

引き出しが多ければ多いほど
活用できる量も質も、
圧倒的に増える!

試験のための
暗記から、ビジネスに
使える暗記へ

「東大を卒業しても、仕事ができるとは限らない」なん
ていう話を聞いたことはありませんか？

　私も耳にしたことがあります。

　試験ではよい点数を取れるのに、ビジネスでは成果を
あげられない。暗記力は優れているのに、それが仕事の
結果にはつながらない。そんなケースは少なくないと思
います。

　Part.1 では、試験や語学で成果を出すための暗記術〈暗
記1.0〉の方法を紹介しましたが、せっかく暗記術を駆使
して試験を突破したとしても、仕事や実務にいかされない
ようであれば、もったいないといわざるを得ません。

　仕事で成果を出すには、創造性や発想力、コミュニケ
ーション力、行動力、論理的思考力などが重要だといわ
れます。

　確かにそうですが、それらの力と暗記力がまったく無
関係というわけではありません。

　むしろ、暗記力を高め、それらをうまく応用すること

で、創造性も発想力も、コミュニケーション力も高めることができます。

✏ 最高の暗記力が最高の創造性を生み出す

暗記と創造性というと、極と極のように思えるかもしれませんが、決してそうではありません。

実は、**暗記による基礎知識や使える情報量、引き出しの多さが、創造性を生み出す重要な材料になる**のです。

将棋棋士の羽生善治氏は、将棋には先の手を読む力や、局面を評価する力、新しい手を思いつく力も重要な要素だが、記憶力のよさは将棋の強さに大きく寄与すると指摘しています。たとえば、羽生氏はこんなことを語っています。

> 「歩の位置をひとつ間違って覚えているだけで、致命傷になる。正確に、40個の駒すべての位置をおぼえておかなければいけない。」
> 「対局で経験したことのある局面を、類似した局面での判断に利用したり、考え方だけを抽出してみたりするんです。」（羽生善治「"学習の高速道路"の渋滞を、経験を活かして抜け出していく」cakes 記事より）

将棋で相手を負かすような創造的な手と思われるもの
も、過去の局面を 40 個の駒すべての位置と動きを記憶
したうえで、判断に利用したりしているわけです。

　暗記による過去の基礎情報であるデータベースが頭の
なかに蓄積され、引き出しとしていつでも出せる状態に
なっているからこそ、有効な手を打つことができ、結果
的に創造性を高めることができるのです。

　将棋だけでなく、スポーツでも、ビジネスでも同様の
ことがいえます。試験のように、すべての問題に一つだ
けの正解がなかったとしても、多数の選択肢から適切な
判断をし、有効な手段を講じるには、豊富な引き出しと
それを活用するための力が必要です。

　たとえば、営業先や顧客一人ひとりの顔と名前は当然
ですが、その会社や部署、担当者が抱えている課題やニ
ーズなどが頭に入っているかいないかで営業成績の違い
が出てくるでしょう。

　もちろん、データベース化して参照したり、検索した
りできるよう技術環境は整っていますが、最後に自分の
頭のなかにどれだけ引き出しを持っているかで人との違
いが出てきます。

　自社製品やサービスについても同様に、カタログや資
料を見せたり、読んだりすることもできますが、しっか

りと情報を暗記して、相手のニーズに合わせてその場で説明できるほうが、ビジネスチャンスがひろがります。

　また、こういった課題を抱えているときには、こういった対策や解決の方法がある。このように発展させたいときには、AとBとCをやるとよい、といったようなビジネス上の打ち手の引き出しが豊富であればあるほど、適切な判断と行動が可能になります。

　こういったビジネス上のスキルも、暗記力を応用することができるのです。

　〈暗記2.0〉によって、脳内の引き出しのバリエーションを豊富にし、それらをいつでも的確に活用できるアウトプット力を高めることで、試験などで培った暗記力をビジネスで成果を出すための暗記に応用することが可能です。

ポイント

「暗記力」は
ビジネスにも応用でき、その他大勢との「違い」を生みだせる。

徹底インプット
即アウトプットの繰り返し
がビジネス成果を高める

〈暗記1.0〉で紹介してきましたが、記憶は覚えようとして暗記の作業をしようとするインプットだけを行うよりも、覚えたものをテストなどで書いたり、話したりするアウトプットを繰り返したほうが長期記憶に定着しやすい傾向にあります。

ビジネスでも同様のことがいえます。

業務内容や進め方、業界知識、取引先とその取引にかかる数字などを、机上で理論的に教えられ、暗記しようとしても、なかなか頭に残らないのではないでしょうか。

多くの会社で、オンザジョブトレーニング（OJT）と称して、新しい業務をさせながら、上司や先輩が指導をすることで、仕事に慣れさせるというやり方をとっているのはそのためです。

つまり、**業務上のアウトプットを繰り返し行うことで、そのために必要な知識や情報をインプットし、理解したうえで長期記憶に定着させるという暗記術を実践している**わけです。

しかし、ここには落とし穴があります。

初めての業務をやりながら覚えることになるので、上司や先輩の能力や指導力に左右されてしまうことです。たまたまよい上司の指導に恵まれればよいですが、そうでない場合は、業務上必要な学習が十分ではないままになる可能性があります。

　また、時代の変化のスピードが速い現代のなかで、上司が必要な知識や情報をすべて持っているわけではありません。特に、インターネットやSNSの発展によって、年齢が上の人ほど新しい技術や生活の変化に着いていけていないということもよくあります。

✏️ 「会社頼り」から「個人で切り開く」へ

　オンザジョブトレーニングによって、その企業のその部署の過去のやり方を踏襲するかたちで学習し、暗記することはできても、それだけではこれから新しく必要になる知識や情報を学び、吸収するには限界があります。

　そこで、オンザジョブトレーニング以外に、自ら意識的にアウトプットとインプットを行い、ビジネスに応用実践できる独自のキーワードと引き出しをひろげていく必要があります。

　一つは、たまたま配属された部署の上司や先輩に左右されることなく、業界の第一線の情報や体系的にまとめられた知識を吸収するために、自らインプットの場を設

けます。外部研修やセミナーを受講したり、資格試験の
ための学習をしたり、関連する書籍や業界誌、ウェブ上
の記事などを積極的に読んだりすることです。

特に、初めの3ヶ月から半年間は集中的にこういっ
た独自のインプットを徹底するとよいでしょう。

そうすると、日々の業務によるアウトプットで覚えた
実践的知識と、セミナーや書籍などのインプットによる
理論的知識がリアルタイムに融合され、長期記憶に定着
しやすくなり、かつ実践に応用可能な自分の引き出しの
材料になっていくわけです。

✐ 学びのループ状態を作り出せ

私は初めて社会人生活をスタートしたとき、広報部門
に配属されました。もちろん、その業界に入ったのも、
組織に入ったのも、広報を専門職にするのも初めてのこ
とでした。いわゆるオンザジョブトレーニングで、上司
や先輩から仕事の仕方を教えてもらいましたが、やはり
それだけに甘んじてはいけないと思い、独自のインプッ
トも行いました。

広報関係の書籍は書店にあるものを片っ端から購入
し、Amazonでも評価の高いものを買って、最初の3
ヶ月で20冊ほどは読みました。また、宣伝会議が行っ
ている広報担当者養成講座という計10回のシリーズの

セミナーにも参加しました。第一線の講師陣から、日々の業務を行うだけでは十分に把握できない広報の全体像の解説や各テーマにおける他社の事例紹介などもあり、初めのインプットとして役立ったと思います。講座のなかで聞いた内容から刺激を受けて、業務に応用させたものもいくつかあります。

さらに、日本パブリックリレーションズ協会が行う資格試験を受験し、「PRプランナー」の資格認定も取得しました。業務のなかで実践的なアウトプットは行っていましたが、**資格試験のように第三者からの客観的評価を受ける理論的なアウトプットの場も持つことで、学んだ内容をより体系的に定着させられる機会になりました。**

業務に必要な知識や情報を、書籍、講座、資格などを通して徹底して理論的にインプットすることと、その暗記したものを、すぐさまいかして業務ですぐにアウトプットすることで、インプットとアウトプットの相乗効果が高まり質・量とも向上するのです。

また、時代の変化のスピードに上司が着いていっているわけではないという観点から、自分が学習したものを新規事業にするという試みも入社1年目から行いました。

その一つがYouTube公式チャンネルの開設と、動画による情報発信です。

それまで広報部門として、公式サイトや公式ブログで

の情報発信は行っていましたが、動画については手がつけられていない状態でした。そのための予算もない状態でしたが、海外では YouTube による動画発信が社会的に注目され始めた時期です。

　そこで、YouTube による動画発信を提案したところ、トップである会長からもゴーサインが出て、すぐにスタートさせることになりました。

　私自身も映像の素人で、かつ予算がなかったので、もともと記録用にあったビデオカメラで自ら海外出張の現場に行って撮影し、パソコンに入れた映像編集ソフトを使って何時間もかけて映像編集を行いました。編集方法も最初は独学で学び、事業が軌道に乗ると、映像編集のプロに委託する体制を整えたり、職員向けの撮影講座などを開いて、動画発信の全社体制をつくりました。

　YouTube の発信に関する書籍や記事、英語サイトでの先進事例なども徹底的に読み込んで研究し、頭のなかにたたきこみました。

　これが日本語サイトのみの検索であれば、得られる情報も 10 分の 1 にも満たなかったでしょう。

　当時は日本では企業や団体がまだあまり YouTube を使い始めていなかった頃で、社内ではもちろん、日本国内で随一の知識を持つことになったと思います。

　結果的に、世界中で 100 万回以上再生され、BBC ニュースなどでも引用された動画などもあり、一定の成功

を収めたと思います。始めて3ヶ月ほどでの成果です。

　このほかにも多数の新規事業を立ち上げましたが、そのどれもが、実践的な暗記によって脳内にインプットしてきたキーワードと引き出しを、業務の実践に応用することで実現してきました。

　周囲に誰も知識や経験がないことでも、集中して徹底インプットを行い、自らの頭に入れた知識と情報を、すぐにビジネス上のアウトプットにいかし応用することで、そのテーマの第一線に立つことができます。

　講座や書籍、資格試験などによる徹底インプット、それらを応用した業務改善や事業の立ち上げを通した即アウトプット。こういったアウトプットとインプットを絶えず繰り返し、両者のフィードバックが常にループする状態をつくりだすことで、ビジネス上の実践的な暗記と学習を加速化させ、使えるキーワードと引き出しの質量を拡充させられるのです。

ポイント　徹底したインプットと
即アウトプットする場を増やし、
学びのループ状態を作ろう！

アウトプット暗記の
カギは自分が
「広報大使」になること

アウトプットが暗記の定着に効果的であることは何度も述べてきましたが、**アウトプットの一つの究極的なかたちとして、人に教えるという方法があります。**

知らない人、分からない人に分かりやすく教えようとすると、重要なポイントを何度も強調したり、間違えやすいポイントを詳しく話したり、どういう理論で成り立っているかなどを易しく解説したりします。そうすることで、自分の頭のなかが整理されるだけでなく、アウトプットを繰り返し行ったことで脳がそれらを重要情報だと認識し、長期記憶に保存するようになります。

分からない友達に勉強を教えたりすることは、実は自分にとってもよい勉強法になるのです。

この機能を仕事にも応用させることが〈暗記 2.0〉です。ビジネスの場合、後輩や部下に仕事を教えるという機会もありますが、そのほかにもたくさんのアウトプットの機会があります。

たとえば、外部の人に組織のことや事業のことを説明

する機会はたくさんあるはずです。また、プレゼンテーションや講義を行ったりする機会もあります。口頭でのアウトプット以外にも、議事録や事業用の内部文書、外部向けの記事など、書くことによるアウトプットの機会も多数あります。これらのアウトプットを効果的に、応用可能なキーワードと引き出しにして脳内に定着させることで、中長期的に仕事の成果につながっていきます。

　ここで重要なのは、初めての人にも分かりやすく、印象に残りやすいように、簡潔にまとめてアウトプットを行うことです。**ゴロで覚えたり、イメージで覚えたり、歌で覚えたりするといった〈暗記1.0〉の手法を、逆の発想で応用する**のです。

　そうすることで、人にも伝わりやすいので、その場での成果にも直結しますし、実は自分の頭のなかでも長期記憶に定着しやすくなり、中長期的にも活用できる脳内引き出しに転換されるからです。

　私は広報部門のとき、毎日のようにプレスリリースを作成し、メディアの取材対応をしたり、自らが取材して記事を書いたり、動画撮影して発信したりしていました。

　国内外の多岐にわたる事業を広報することで、何も知らない外部の人に、分かりやすく印象に残るように簡潔にまとめてアウトプットする実践を行ってきたわけです。

　タイトル一つとっても、ゴロ暗記術を応用して、地味

な業界用語の言葉をメディアや読者に刺さるようなコピーにしたり、イメージ暗記術を応用して、事業の特徴が写真1枚のイメージで伝わるように工夫したりしました。

　おかげで新人職員1年目から、多岐にわたる社内のすべての事業を把握し、その特徴やおさえるべき数字やキーパーソンなどを暗記することができました。

　また、自社事業の内容だけでなく、メディアに取り上げられやすい伝え方をするために、世の中のトレンドや社会課題の傾向などをインプットしながらアウトプットするという実践を心がけました。

　このときに、自分の脳内のキーワードと引き出しが加速度的に拡充されたと実感しています。

　そこで培った広報経験は、他の部署に配属されたときや自分自身のパーソナル活動にも応用実践しています。

　たとえば、昨今社会的に注目をあびている奨学金問題について、私自身が奨学金を借りて返している当事者であることから、自分のことを勝手に奨学金の「広報大使」だと思っています。制度についてや問題の分析などをブログやメディアで発信していくと、インプットの質量が高まり、いつの間にか奨学金の第一人者のようなポジションになってきました。

　奨学金をテーマに『今こそ「奨学金」の本当の話をしよう。』（ポプラ新書）という新書を出すことになったり、日本学生支援機構に呼ばれ、役職員向けに講師とし

て講演するようになったりしました。

人に分かりやすく伝える「広報大使」という意識を持ったことで、インプットとアウトプットが向上し、実際の成果につながったのです。

　仕事の成果につながる〈暗記2.0〉の一つは、知らない人に分かりやすく印象的に伝えるアウトプットを実践することですが、その実践方法として、どんなことにも自分が「広報大使」だという意識を持って外部への発信をたえず行うとよいでしょう。

ポイント
誰かに教えてあげることは、
自分の長期的な
学びにもつながる。

Memorization
031

書評アウトプットで
「使える記憶」に
変換する

　仕事のことであれば、事業の説明や紹介などアウトプットの機会はそれなりにあるかもしれません。裏を返すと、どんな人でもそのくらいのアウトプットは実践してしまっているので、差がつきにくい部分でもあります。

　他人と差が出やすいのは、独自のインプットを行い、それを実践に応用できるかどうかです。

　たとえば、書籍や業界紙、雑誌、ウェブの記事を読むことも独自のインプットですが、読んで終わっているだけでは十分ではありません。

　読むことだけで満足していては、時間が経つと内容も忘れてしまいますし、仕事の成果につながる実践的な知識にまで昇華しきれていない状況だといえます。

　読んで得た知識を、知らない人に分かりやすく簡潔に教えるというアウトプットを行うことで、その知識は長期記憶に定着し、ビジネスでもここぞというときにその知識を応用する機会に出会うときが来るようになります。

　その有効策の一つとして、**読んだ書籍などの書評を書**

Part.1〈暗記1.0〉　**Part.2〈暗記2.0〉**

どんなビジネスにも効く最強のアウトプット型暗記術

くことで、**アウトプットを実践する**方法があります。

　書評を書く際に、知らない人に分かりやすく伝えることを実践するために、なるべく多くの人の目に触れるようにするとよいでしょう。そうなると、ブログに書評を書くことが効果的です。

　本を読むというインプットを実践する人はたくさんいますし、それ自体は素晴らしいことですが、実は読んだ本のポイントを多くの人に伝える書評アウトプットをしている人は少ないと思います。

　昨今はSNSが隆盛し、FacebookやTwitter、Instagramなどで本の写真を撮ってアップする人は増えていますが、書評までする人は決して多くありません。

　書評アウトプットの作業を通して、その本のポイントを分かりやすくまとめ、論理的に説明、紹介することで、脳内の長期記憶に保存させるというプロセスが、中長期的にすごく役に立ちます。人間の脳はアウトプットしたものほど、重要な情報として暗記するからです。

　そして、短期記憶ではなく、長期記憶に暗記できた知識こそが、いざというときに使える脳内キーワードと引き出しになるのです。

　編集工学を提唱している松岡正剛さんとお会いして話したときに、その知識の幅広さと深さに圧倒されたことがあります。

　松岡正剛さんのその知識量の源泉は、おそらく、書評

サイト「千夜千冊」で書評を書き続けているところにあると思います。2020年12月現在で、その書評の数は1000を超えて、1700以上にもなっています。

1000冊の書評ともなると途方に暮れる数ですが、**まずは月に1回のブログ書評を続けてみてはどうでしょう。**

その月に読んだ最も印象に残った本を選んで、書評としてアウトプットします。それが1年間続けば12冊、5年間続けば60冊もの書評を書き溜めたことになります。それらは、ただ読んだだけの本よりも、確実に長期記憶に暗記され、使える知識になっているでしょう。

また、仮に一つの書評のボリュームが1600字程度だとすると、60冊の書評でおよそ10万字を書き溜めたことになります。これは書籍1冊の文字数に匹敵します。

月1回の書評アウトプットという、誰にでもできる実践でも、それを5年間続ければ、1冊の本になるくらいの使える知識を蓄積したことになります。本を出すくらいのレベルといえば、その分野の専門家を名乗ってもおかしくないレベルです。

私はこれまで16冊の本を出してきましたが、その多くのネタ帳になっているのがブログでのアウトプットです。自分の専門分野や関心分野に関する書評やニュース記事に関する評論などをブログで定期的にアウトプット

することで、有用な情報を使える長期記憶として蓄積できるので、コンスタントに本を出すことができています。

　ビジネスにも効く〈暗記2.0〉のポイントは、いかにアウトプットを定期的に継続して行う仕組みを、自分の生活のなかに取り込み習慣化するかです。ぜひ書評アウトプットによる使える暗記術を実践してみてください。

Memorization
032

ブログを自分の
「脳内データベース」に
して、知見を蓄積させる

　今の時代は検索の時代です。

　どんなことでも検索して瞬時に必要な情報にアクセスできるので、どんなキーワードを持っているかが鍵になると述べました。

　ただし、インターネット上の検索は、誰でもできるので、それだけでは差がつきにくいこともたしかです。

　では、自分の脳内の独自のデータベースを検索できるとしたらどうでしょう。

　自分自身が収集した情報と学習した知識は、一部は時とともに忘却し、一部は脳内で目に見えない「知見」として蓄積されます。その蓄積された知見、暗記した情報をなんとなく思い出したり、つなぎ合わせたりすることで、思考のアウトプットが生まれます。

　その情報や知識を蓄積し保存することと、それらを使ったほうがいいと思われるときに脳内引き出しから引っ張り出す作業は、脳機能に任せられています。

　とはいえ、時とともに忘れてしまうことも多いです

し、せっかく蓄積された知識がいざ役立ちそうというときに着想にいたらないこともあります。

　そういった脳に任せきってしまっていた機能を補完するため、蓄積した独自のデータベースからキーワード検索をかけることが効果を発揮することがあります。

　自分自身の知見をブログ上にこまめにアウトプットし、蓄積しておいたものを独自データベースとして、何かアイデアを考えるときにブログ内検索をかけるのです。

　たとえば、本を100冊読んだとしても、読んで満足して、時間が経つと中身を忘れてしまっていてはせっかくのインプットも意味がありません。

　それが、もし書評アウトプットとして、100冊分ブログ記事として蓄積されていたとします。自分自身がアウトプットしたものなので、長期記憶として効果的に暗記され、知見として蓄積されているはずです。

　さらに、何かアイデアのヒントがほしいといったときに、それらの蓄積されたデータベースから検索すると、自分自身がまとめてきた知見のブログ記事がヒットします。

　たとえば、SNSを使って広報やマーケティングをうまく展開したいのだけど、その効果的なアイデアが出てこないといったときに、通常のネット検索をするのもよいですが、自分自身のブログからSNSやTwitterとい

ったキーワード検索をします。すると、関連する自分自身の記事がヒットするわけですが、関連する書籍の自分が面白いと思ったポイントや、自身のアウトプットをモレなく振り返ることができます。

そこからもう一度、気になった書籍を読み返してみたり、自分のブログ上で書いていてこれだと思ったキーワードから、再度通常のネット検索をしてみたりします。そうすることで、自分自身が蓄積してきた知見を、上手に効率的に活用できるようになるのです。

たとえば私は、奨学金や教育政策のことについてよくブログ記事を書いています。

新しい記事を書くとき、「あの数字はなんだっけ」とか、「政策提言をまとめるならどんなことが挙げられるかな」といったことを考えるときに、自分のブログを検索することが多いです。

そういった知見の蓄積と検索機能を活用することで、『今こそ「奨学金」の本当の話をしよう。』（ポプラ新書）という1冊の書籍にもまとめあげることができました。

また、講演会を行うときにネタ帳になったりもします。

ブログに蓄積するのは、書評だけでなく、仕事で取り組んできたこと、日々の生活のなかで感じたこと、映画を観ての感想、旅先での発見、様々なアウトプットが考えられます。

ただなんとなく過ごしていれば、一つひとつの経験はいずれ忘れてしまいますが、アウトプットとして蓄積することで、いつでも検索できる独自のデータベースになるのです。

　ブログで公開できない情報があるといった場合、インターネット上ではなく、自分自身のパソコンに保存し、そこから検索にかけるということもできます。

〈暗記2.0〉は、自分の脳機能だけにすべてを任せるのでなく、情報の保存や検索技術をうまくフル活用することで、ビジネスに応用できる実践的な暗記術です。

ポイント

自分の知識をブログに書きためて、
いつでも引き出せるようにしよう！

セクシーな自己紹介を
暗記しておく

ビジネスシーンでも日常生活でも、最も多くあることの一つが自己紹介です。

そして、**自分がどのような人間であるのかを知ってもらい、魅力的に思ってもらえるかは、ビジネスで成果を出すときにも重要な要因になります。**

とはいえ、日本人は自己アピールが苦手な傾向にありますし、あまり自慢し過ぎると煙たがられてしまうこともあります。

だから遠慮して、自分の現在の所属先である企業名と部署名と名前だけ名乗るか、名詞交換するだけで自己紹介が終わってしまいます。

最初の挨拶はそのくらいがちょうどよいかもしれませんが、たとえば事業のパートナーになってもらう、継続的にサービスを利用してもらうといったようなとき、どんな人であるかは相手方も気にするはずです。

会社や商品の説明は分かったけれど、あなた自身が信

頼に足りる人なのか、パートナーとして付き合うことでメリットがありそうなのか等々をシビアにみられることもあります。採用面接のときなどもそうでしょう。

あるいは、講演やスピーチ、複数の前のプレゼンテーションなどでは、話者である自分が何者であるのかを、一定時間で効果的に聴衆の印象に残るように話さなければなりません。

2時間も3時間もある飲み会の場であれば、自分のことを饒舌に話すこともできるかもしれませんが、与えられた3分とか1分くらいの間に行う自己紹介で、相手の印象に残るよう、いかに自分を魅力的に、かつ自慢話にはならないかたちで伝えるかは、しっかりと準備していなければ誰もができることではないでしょう。

✎ 魅力的な自己紹介は「準備」で決まる

そんなときに役立つのが暗記です。

1分なら1分、3分なら3分で自己紹介するときに、ただ自分の会社と部署だけを話すのではなく、相手が共感し、近しいと思ってくれるような共通点となる事柄やバックグラウンド、頼りになると思ってもらえるような客観的な実績とこれまでの経験、未来に向けて思い描いているビジョンや目標といったことを端的にまとめて準備しておきます。

そして、それらを暗記して、上手に話せるように準備
しておくのです。

　スティーブ・ジョブズのスタンフォード大学卒業式で
のスピーチは、伝説的スピーチと言われるほど世界的に
評価され、YouTube上では合計約3600万回視聴され
ています。卒業生へのメッセージではありますが、ジョ
ブズの半生を踏まえた自己紹介でもあります。

　産みの母から養子に出されたこと。大学中退したとき
に出会ったカリグラフィーの知見が、10年後マッキン
トッシュを開発する際に役立ったこと。

　30歳で自ら創設したアップル社から追いだされたこ
と。それが、「人生で最も創造性豊かな時期」となり、
「起こりうる最善のことだった」と振り返り、結果的に
アニメーション制作会社Pixarを生み出し、再びアップ
ルの経営者に舞い戻ったこと。1年前にガンと診断され
たこと。死について考え、今日が人生最後の日だと思っ
て、自分の心と直感に従って生きること。

　ジョブズは半生を語りながら、卒業生たちに大切なメ
ッセージを伝えているわけです。

　15分弱のスピーチですが、世界中の多くの人々の心
を動かし、影響を及ぼした伝説的自己紹介といえるでし
ょう。

　原稿またはメモを用意していますが、気にならないく

らい自然に気持ちが込められてスピーチをしています。

　多くの人はビジネスシーンで自己紹介するとき、時間が長く与えられた説明や打ち合わせのときは、伝えたい要旨も絞らずに長々と話してしまうかもしれないし、逆にスピーチのときには、用意した原稿をそのまま感情も込めずに読んでしまうかもしれません。

　相手に自分を魅力的に思ってもらうには、どちらも効果的とはいえないでしょう。

　相手に対して自分のことをどんなポイントで伝えるか準備して、その内容を暗記してしまい、その準備を感じさせないくらい自然に話をすれば、相手にとって印象に残る自己紹介になるでしょう。

　毎回自己紹介を変えるのも大変なので、**与えられる時間と、どういった目的で、どういった相手の属性なのかによっていくつかセクシーな自己紹介のパターンを用意しておくのがよいでしょう。**

　構成のロジックを理解し、声を出して繰り返し練習すれば、短い自己紹介を暗記するのはさほど難しいことではありません。7回ほど練習すれば暗記できますし、30分もあれば十分です。また、実際にそういった自己紹介を毎回実践していれば、準備しなくても自然に出てくるようになります。

　そういった簡単なことでも、ただなんとなく魅力のな

い自己紹介をして相手に忘れられてしまうのか、セクシーな自己紹介をすることで相手の記憶に残り、信頼される人になるのか、大きな違いがうまれます。

暗記はテストだけのためのものではありません。ビジネスの成果につなげられる実践的な自己紹介暗記術を試してみてください。

ポイント 信頼感を得るために自己紹介を暗記してしまおう！ 場面によっていくつか用意するといいでしょう。

スピーチは
「ストーリーとイメージ」を
押さえて暗記

　セクシーな自己紹介ができるようになったら、ビジネスに直結する事業紹介や商品紹介についても効果的に話せるようになっておきたいところです。

　説明資料を用意して、資料に基づいて、それらを読み上げるように話をするのは、誰でもできることです。それでは、相手にその資料を送って読んでもらうのと、ほとんど効果は変わらないでしょう。

　自分が事業を直接紹介するときに、付加価値を加えられるとしたら、相手の心を動かし、論理的にもより納得してもらえるような魅力的な話ができるかどうかです。

　書いてある資料を読むだけでは、人は心を動かされません。スピーチでも、**聴衆たちがいる前を向かず、下を向いて原稿を読んでいると分かるスピーチでは、人々の心は動かされません。**

　何も用意しなくても、論理的でかつ、人の心を動かすような話を、与えられた時間通りにできるのであればよいですが、必ずしもそうとはかぎりません。

話の得手不得手にかかわらずどんな人でも、人々の心を動かすスピーチや、**ビジネス成果につながるような事業紹介ができるようになるためには、原稿を周到に用意しつつも、それを暗記することで自分の生の言葉とし話せるようにすることです。**

　先にも挙げたスティーブ・ジョブズは、アップル社を創業し、マッキントッシュや iPhone を世に出した天才として知られていますが、プレゼンの天才としても有名です。スタンフォード大学卒業式では、自身の半生を踏まえた人生訓を語っていますが、アップル社の新商品発表や事業紹介でも、いくつもの伝説的なプレゼンを行って話題を呼びました。

　ジョブズは単に生まれついたプレゼンの天才というよりも、かなり用意周到な準備をしています。

　はじめは原稿を用意し、練習してリハーサルを行い、最後には原稿を捨てて、プレゼンを行うのです。

　リハーサルには丸2日間費やし、本番とまったく同じリハーサルも1回か2回行うそうです。

　話の流れを思い出すためにメモを持つことはあったそうですが、原稿をそのまま読むということはありません。

　ジョブズが演台の前で、新商品発表の話をしているイメージがないのはそのためです。

　ジョブズが何の準備もなく伝説的プレゼンを行えてい

るのであれば、誰も真似はできませんが、準備にかなり
の時間をかけているのであれば、その方法を取り入れ
て、自分のケースに応用することは可能です。

　人々の共感を呼ぶストーリーや、関心を喚起する問い
かけ、印象に残る言葉、分かりやすくインパクトのある
数字や、具体的なエピソードや事例、明快な論理構成。
まるで映画をつくるようにそういったものを事前にしっ
かりと考え、自分自身のオリジナルな事業紹介、商品紹
介を用意します。
　一つのストーリーに仕立て上げることができれば、聞
いている人の印象にも残りやすいですが、自分自身の
頭にも記憶しやすいものになっているはずです。〈暗記
1.0〉で紹介したように、目に浮かべやすいイメージや、
印象的な言葉、ロジックの理解が記憶の補助になるから
です。

　ストーリーやイメージを押さえたらプレゼンの練習です。
　プレゼンの場の多くは、発表の際のスライドがメモ代
わりになるので、そこまで練習して完全な暗記をしなく
てもだいじょうぶかもしれません。ただし、人の心を動
かすためには、目の前の聴衆とアイコンタクトをとって
ダイレクトに話せるように、スライドに書かれている言
葉を読み上げるのではなく、スライドに映し出されたイ

メージを共有しつつ、自分の生の言葉で話す必要があります。

そのためには、話の内容を完全に頭に叩き込み、暗記に近い状態にしておくのがベストなのです。

✏️ ベストスピーチをするための最速4ステップ

ベストスピーチをするための**第一のステップは、分かりやすく共感できるストーリーを構成すること。**

そのストーリーが映画やマンガのコマのようにイメージできるものになれば、暗記しやすい骨格ができます。

そして、第二のステップとして、そのストーリーを原稿に仕上げます。

その際に、**印象的な数字やキーワード、具体的なエピソードや事例を盛り込めないか、より練ってブラッシュアップさせます。**

原稿が仕上がったら、第三のステップは、声に出しての練習です。**よりしゃべりやすい言い回しにしたり、説明が長すぎて冗長だと感じた箇所はカットしたりします。** そうして、7回から10回を1日から3日くらいに分けて練習します。

最後のステップとして、本番さながらのリハーサル

です。この四つのステップを実践すれば、暗記術を応用したベストスピーチが実践できるようになります。

　ある場面で、その事業紹介によって商談が決まるか決まらないかがかかっているとしたら、ビジネスでそれほど重要な機会はないと思います。

　あるいは、社内で自分のやりたい企画を役員陣などに提案発表する機会があれば、魅力的なプレゼンによって承認を得たいところです。用意された資料やスライドだけでなく、最後の仕上げともいえる発表の仕方、伝え方によって聞いた人の心が動くかが決まります。

　その仕上げの最重要なところで、実は暗記術が効いてくるのです。

〈暗記2.0〉はそんなビジネス現場の重要なシーンでも応用実践が可能です。

ポイント
感動的なスピーチを
生み出す裏には
徹底的な暗記がある。

ケーススタディを
暗記して血肉化する

　〈暗記2.0〉は、ビジネスの企画を考えたり、意思決定の判断をしたりするときにも役立ちます。

　ビジネススクールでは、よく企業の具体的な事例をもとに学ぶケーススタディが授業で行われます。

　ハーバード・ビジネス・スクールでも特に力を入れて取り入れられており、「ケース・メソッド」と呼ばれている教授法です。

　組織の具体的な課題について記述された十数ページにおよぶ教材をもとに、学生たちが事前にそのケースを読み込んで授業にのぞみ、この組織のこの立場であればどうするかを徹底的に学生同士で議論します。

　教室にいる学生たちは、各国から集まる様々なバックグラウンドの人たちで、それぞれ各分野や業種の専門的な知見も持っている人たちなので、議論のなかで様々な意見が飛び交い、そのプロセスが学びの場になります。

　ただ理論を学ぶだけでなく、具体的な事例のケースで、自分ならどうするかを考え、意見を述べ、議論するので、アウトプットの機会が多く、結果的に記憶に残り

やすい学習プロセスになっています。

これらのケース・メソッドで得た生きた知恵の蓄積が血肉化され、ビジネス現場に戻って課題に直面したときや、新しい事業を立ち上げるときなどに、どのように行動し、どのような意思決定すればよいのかの具体的なヒントになりうるのです。

✎ ケーススタディは独学でも身につけられる

実は、こういったケーススタディはビジネススクールに通わなくても、実践可能です。

ハーバード・ビジネス・スクール・パブリッシングというサイトには、ハーバード・ビジネス・スクールの授業で使用されている教材が数多くそろえられており、1ケース毎に購入できるようになっています。英語が原語ですが、日本語に翻訳されているケースも多数あります。たとえば、「スターバックス：顧客サービスの提供」、「ZARA：ファースト・ファッション」「ウーバー：世界の移動手段を変革する」などのケースが日本語で読めるようになっています。

スターバックスのケースであれば、顧客満足と企業の売上・利益の関係をどのように考え、意思決定すべきかについて、顧客満足を高めることを狙いに、サービスのスピードを改善するための投資を行うべきかが扱われて

います。

　ビジネスの具体的な状況で、その意志決定を行わなければならない立場に自分が立ったならどうするかを考え、与えられた材料をもとに行動と意思決定をシミュレーションすることで、実践的な知見が身につくわけです。

　こういった市販のケースのなかで、自分の関心のあるものや、関係しそうな企業や分野のものを探して、自分でケースのシミュレーションをしてみると、より実践的な学習になります。

　ほかにもハーバード・ビジネス・スクールのケースだけでなく、市販の書籍でも、企業の成長や失敗の具体的な事例と経験を詳細にまとめた書籍は販売されています。

　そういった本もケーススタディとし、自分がその経営者ならどうするか、困難に直面したときのリーダーだったらどうするかを考え、自分なりの結論を出したうえで読み進めると、ただ本を読み流すだけよりも、より深い示唆が得られるはずです。

　たとえば、マッキンゼーの日本支社長をつとめ、日本人経営コンサルタントの第一人者ともいえる大前研一氏が『もしも、あたなが「○○の社長」ならばどうするか？』というケーススタディのシリーズ本を出していま

す。大前氏が学長を務める経営大学院ビジネス・ブレークスルー大学の出版物として出しているもので、ビジネススクールで学べるケーススタディを、手軽に書籍で独学で学べます。たとえば、もしも、あなたがミズノ社長、エスビー食品社長、日本経済新聞社社長、国際協力機構（JICA）理事長ならばどうするか？　といったように、具体的な企業や組織の経営者として、どう意思決定し、組織の課題を解決していくかを自分事として考える材料になります。

　この「もしも自分が○○だったらどうするか？」という問いはとても重要な思考法です。
　自分ならこういう解決策をとる、こうやって行動する
といった自分なりの結論を出す＝アウトプットを行うこ
とで、思考のプロセスが暗記され血肉化されるからです。

　数年前に、「もしドラ」こと『もし高校野球の女子マネージャーがドラッカーの『マネジメント』を読んだら』がベストセラーになりました。
　これも、通常の解説本のように、経営学を理論として理解したり暗記したりするだけでなく、高校野球という自分事化した「ケース」に当てはめて、野球部が抱える問題に対して自分なりにどう対処し、行動するかを追体験できるところにヒットの一要因があったのかと思います。

ポイントは具体的なケースに対して、自分事化し、自分なりのアウトプットを出し、思考のプロセスを血肉化することです。

　また、読み物だけでなく、現場の人から生の声を聞いて、それを自分事として学習することも重要です。

　事業に成功している人がいれば、どのようなプロセスを経たのか、成功した要因は何か、逆に失敗したことはなかったか、失敗や困難をどのように乗り越えたのかなどを聞き出すことで、自分の実践的な知恵にいかせます。成功者と一対一で話す機会を得づらい場合でも、セミナーや講演会などに行くと話を聞く機会があります。

　その際に、ただなんとなくいい話を聞いてインプットとして終わるのではなく、自分だったらどうするか、今の自分の状況に応用するとこういったことが考えられるといったケーススタディを自分で行うことで、知見が血肉化されやすくなります。

✏️ 覚えるべきは意思決定に役立つ「引き出し」

　暗記という観点からいえば、ケースの一つひとつの数字や文章を暗記する必要はありません。重要なのは、事業を展開するうえでどういった選択肢があり得るのか、どういったリスクがあり、それをどうすれば回避できるのか、意思決定の際にはどのような判断材料を根拠にす

ればよいのか、などの実践的な「引き出し」を暗記脳の
なかに増やすことです。

　こういったことは、実務での経験を積み重ねること
で、見えない知見として蓄積されるものですが、ケース
スタディという疑似体験を通して、実践経験に近い引き
出しを暗記させていくという作業になります。

　自分がどの本を読んでいても、どの事例と出会ったと
きも、ハーバードのケース・メソッドの授業に参加する
つもりで、自分ならこういう考えでこう意思決定すると
いう発表ができるくらい、自分のなかでシミュレーショ
ンすることで、脳に実践的引き出しが蓄積されていきま
す。

　〈暗記2.0〉は知識をまる覚えするのではなく、アウト
プットによる引き出しの血肉化がポイントとなります。

　その有効な手段の一つがケーススタディなので、ビジ
ネススクールに通わなくてもできる独学ケーススタディ
を実践してみてください。

ポイント
多くの疑似体験を通して、
実務で使える引き出しを
暗記しよう。

自分を人に記憶させる
SNSアウトプット術

暗記術というと、自分が何かを暗記することばかりが頭に浮かびがちですが、ビジネスシーンでは逆に、人に自分のことを記憶してもらうことも重要です。

　自分の顔や名前、そして、持っているポテンシャルを覚えてもらえれば、ビジネスで何か相談したい、依頼したいというときに、真っ先に思い浮かべてもらえる可能性が高まります。結果的に商談につながったり、ビジネスチャンスがひろがったりします。

　暗記のパターン、記憶のメカニズムを知っていると、相手に自分のことを覚えてもらうために何が効果的なのかも分かってきます。

　これまで何度も触れてきたように、暗記には五感をフル活用すること、イメージをリンクさせること、そして時間をおいて何度も繰り返すことがポイントです。

　毎日のように会って話す人は、顔も名前もやっていることも自然と覚えてしまうのはそのためです。

　逆に、所属する組織が異なり、日々のやり取りがない

取引先以外の人には、なかなか覚えてもらえません。

　もちろん、重要だと思える人や潜在的な顧客のところに足繁く通うという、営業としての地道なやり方もあるでしょう。

　しかし、これまでとは異なるやり方で、自分を人に暗記してもらう時代の変化に合った効果的な方法があります。それが、SNSを活用することです。

　LINEやFacebook、Twitter、Instagramなど、何らかのSNSを利用する人は日に日に増えています。

　総務省の「令和元年度情報通信メディアの利用時間と情報行動に関する調査報告書」によると、2020年時点の日本国内のSNSの利用率は、LINEが86.9%、Facebookが32.7%、Twitterが38.7%、Instagramは37.8%です。SNSは世代別で利用者層に特徴がありますが、それぞれ利用率が高い世代で見ると、LINEは20代で95.7%、Facebookは30代で48.2%、Twitterは20代で69.79%、Instagramは20代で64.0%です。

　全体の割合でみても、3割以上の利用率がありますが、利用率の高い世代別でみると、どれも過半数を超え、かなりメジャーなツールになっていることが分かります。そして、10代や20代の利用率が高いことからも分かるように、この傾向は時代の進展とともにさらに伸びていくことが予測されます。

　リアルな人間関係のつながりが、SNSでのつながり

とかなりの割合で重複してきたり、逆にSNSでつなが
っていたところから、リアルな関係に発展したりという
ことも少なくありません。

　こういった時代の変化を踏まえ、暗記のパターンを応
用して、SNS上での発信やつながりを行っていくと、
多くの人に自分のことを覚えてもらうことが可能になり
ます。

✒ プロフィールには「自分の顔」をのせる

　暗記には、五感とイメージと重複がポイントになるの
で、SNSでもそのことを意識してアウトプットを行い
ます。プロフィールには顔写真を入れたほうが当然覚え
てもらいやすいです。

　日本人の場合、恥ずかしさや個人情報を気にしすぎる
あまり、SNSのプロフィール画像を自分の顔写真にし
ていないケースが多いです。自分のプロフィール画像な
はずなのに、なぜかペットや風景、好きな芸能人やキャ
ラクターなどに設定している人が多いのではないでしょ
うか。海外では事情がまったく異なります。大半は自分
の顔写真、または家族との写真をSNSのプロフィール
画像にしています。

　自分のことをあまり知られたくない、人に覚えてもら
いたくない、新たなつながりは必要ないという人はよい

ですが、**自分のことを人に暗記してもらい、ネットワークを広げたいという人はSNSのプロフィールは自分の顔写真にしたほうがよいです。**

そして、イメージとリンクさせるという点で、SNSの投稿にも写真や動画を効果的に投稿したほうがよいです。「インスタ映え」が2017年ユーキャン新語・流行語大賞にもなったように、SNS上で人気があり、印象に残るのは絵になるいい写真です。もちろん風景写真や食べ物の写真などでもよいですが、人に自分のことを覚えてもらうという点では、自分の顔が入った写真のほうが効果的です。

そして、暗記には繰り返しが必要なので、年に数回しか投稿しないとかではなく、週に1回とか、場合によってはもっと頻度を高めて投稿するくらいでもよいと思います。

リアルでは1回しか会ったことがなかったとしても、SNS上でつながり、顔も入った写真の投稿が定期的に表示されたら、自然に記憶に残ることになります。

相手に自分のことを暗記してもらえるのです。友人関係としても続きやすいですし、もしかしたらビジネスにも発展するかもしれません。

私自身も、14年前にブログを始めて以来、ブログからTwitter、Facebook、Instagram、LINEと、主要SNS

はほぼ網羅して続けています。

　私のブログの愛読者と初めて会ったときには、**いつもブログを読んでいるので初めて会った気がしないと言われ、親近感を持ってもらえます**。つまり、人から暗記されているのです。

　また、SNS上でプライベートのことも、仕事のことも定期的に投稿しているので、一度会ったことがあり、SNS上でつながりのある人には、よくその話題をふられることがあります。

　おそらく、一度会ったくらいでは忘れられてしまうものですが、SNSが記憶を補助する役割を果たしてくれているのだと思います。こういったブログやSNSのアウトプットによって、実際に仕事がうまくいったり、本の出版につながったりもしています。

　SNSもただなんとなくやるのではなく、暗記術を応用してアウトプットを実践することで、長期的に仕事の成果にもつながるツールになるのです。

ポイント　新しい人脈をつくりたいなら
SNSのアイコンを「自分の顔」に
してみよう!

時代に即した
アウトプット術
〈暗記2.0超まとめ〉

　暗記術をビジネスに応用する〈暗記2.0〉は、アウトプットを効果的に実践するための暗記術ともいえます。

　技術革新によって、情報の保存や蓄積、伝達や検索が驚くほど便利になった情報化時代において、インプットよりもアウトプットのほうがより価値が高まってくることは確かでしょう。

　暗記の重要性自体は変わりませんが、暗記術をインプットのためだけでなく、アウトプットとしてどう実践するかが、時代の変化に合った暗記術のあり方だと思います。

　一方で、多くの日本人はアウトプットを不得手としてきました。

　学校の勉強は基本的には知識の蓄えであるインプットがほとんどで、試験でそのチェックをするということを繰り返してきたからです。

　学校では、聴衆の前でスピーチやプレゼンテーションをしたり、課題解決のためのソリューションを導き出すといったアウトプットの機会がありませんでした。

また、ビジネスの現場ではほとんどがオンザジョブトレーニングで、体系的に戦略的にアウトプットの質を高める方法が教えられていません。

　ビジネススクールなどプロフェッショナルスクールには行かず、慣れて覚えろという方針ですが、変化のスピードが遅く、上司や先輩を真似ていれば成果が出る時代であればよかったのですが、時代の変化が速くなるほど、慣れて覚えるだけでは通用しなくなってきています。

　ビジネスでも確実に成果を出すためのアウトプットの方法や、暗記術をビジネスに応用させるための具体的な方法を実践してこそ、時代の変化にも対応できるようになります。

　インプットとアウトプットをぐるぐると回しながら、双方の質を高め、量を増やしていくこと、そのための暗記術を駆使していくことが、変化スピードの速いビジネス現場で成果を出すためには必要です。

　これまで本を読んだり、資格を取得したりといったインプットの暗記術を実践してきたビジネスパーソンは多かったと思いますが、それらをしっかりとアウトプットに転換していく仕組みを持った人は少ないのではないでしょうか。

　むしろ、アウトプットを前提としてインプットを行っていくという暗記術の設計をしていくことで、インプッ

トの質も高まるようになります。

　本を読むというインプットを行うなら書評を書くというアウトプットを行う。

　ただ書評を書いて終わりにするのではなく、ブログで発信して世に出していく。

　そうすることで蓄積した知恵が独自のデータベースとなり、自分で検索しやすくなるだけでなく、誰かの目に触れてビジネスの関係づくりにも役立つようになります。

　自己紹介や事業紹介、スピーチやプレゼンなどもただ漫然とやっているだけでは、その場かぎりで終わりですが、アウトプット暗記術を実践することで、ビジネス成果を確実に高めることができます。

　さらに、それらのアウトプットの場面を自己成長の機会とし位置づけることで、暗記術を駆使しながら常にアウトプットとインプットをぐるぐると回して、自分の引き出しを拡充させることができます。

　その蓄積こそが、時代の変化にも対応できるオリジナルな知見となっていくのです。

　これらの実践は、アウトプットとインプットの循環を「仕組み化」するということでもあります。

　これまで日本の学校にも会社にも、この仕組みがありませんでした。

暗記術を通してインプットとアウトプットを循環さ
せ、自己の引き出しと実践的な知見を継続的に拡充させ
ることで、ビジネスでも成果を出すための仕組みが〈暗
記2.0〉です。

インプット　　　アウトプット

Part 3〈暗記3.0〉

夢を叶える
最強の
長期的暗記術

暗記の究極目標は人生を豊かにし、夢を叶えること

暗記の目標というと、試験でいい点数を取るためというイメージがこれまで強かったと思います。

もちろん、試験でいい点数を取れるようになることで、学びたい大学に合格したり、資格を取得し、やりたい仕事に就けるようになったりします。いわば夢を叶えることが、暗記の目標だといえると思います。

〈暗記1.0〉では、試験や語学で成果を出すための暗記術をまとめてきました。

これまで一般的にイメージされてきた暗記術であり、その成果がテストの点数など分かりやすい数字で、しかも短期的に表れます。

知識として自分の脳に蓄積される「インプット暗記術」ともいえます。テストの点数を確実に向上させ、資格や受験に合格し、目標を達成し続けることで、夢を叶えるために前進し続けるのが〈暗記1.0〉です。

〈暗記2.0〉は、ビジネスなどの実践現場で使える暗記術です。これまで暗記といわれてイメージされていなか

ったような、効果的な自己紹介や事業紹介、スピーチやプレゼンの暗記、事業のアイデア出しや意思決定のためのケースの暗記などによって、実践的な成果を出すための方法を紹介してきました。

また、ビジネス上必要な知識をどのように効果的に蓄積し、実践として使える自分の「引き出し」としていくかについても整理し、時代に合ったブログや SNS などの活用法なども紹介しました。

蓄積した知識をビジネス現場で実践活用するという意味で、「アウトプット暗記術」ともいえるでしょう。これらは、テストのように分かりやすい指標がない分、これまで軽視されがちだった暗記術でもあります。

しかし、実はビジネス現場で実践することで、上司や取引先からの評価が高まり、売上や給与の向上にも直結します。結果的に、やりたい仕事や実現したいと思ったことができるようになり、夢を叶えるための大きな力になるのが〈暗記 2.0〉です。

暗記の究極目標は人生をより豊かにし、夢を叶えることだと思います。

暗記は試験でいい点数を短期間で取って終わり、というイメージが強かったかもしれませんが、実は、長期にわたって実践し続けなければならないことなのです。

逆にいえば、長期間にわたって効果的に暗記術を実践

し続ければ、人生がより豊かになり、夢を実現すること
ができるようになるのです。

　そのためには、短期でも成果の出やすい試験突破のた
めのインプット暗記術である〈暗記1.0〉と、ビジネス
で成果を出すためのアウトプット暗記術である〈暗記
2.0〉を組み合わせ、長期にわたって実践することが必
要です。本著ではこれを〈暗記3.0〉と称しています。

　はじめに、「暗記をバカにする者は暗記に泣き、暗記
を過信する者も暗記に泣く」と書きました。
　技術革新で時代が変わったから、暗記はもう必要ない
とバカにする人は、〈暗記1.0〉が実践できず、口先だけ
になってしまうかもしれません。
　試験や資格や語学が必要なくなる時代は、すぐには訪
れないでしょう。突破しなければならない試験は確実に
合格し、持っていなければならない知識は、検索しなく
てもすむように自分の頭のなかに叩き込むのが〈暗記
1.0〉です。

　逆に、試験の点数だけよければいいという時代も終わ
りました。過去のイメージの暗記の力を過信して、自分
の頭にインプットして終わりでは、ビジネスや実践現場
では使えず、夢を叶えるにはいたらないでしょう。
　これまでの暗記術をアウトプット暗記術としての〈暗

記2.0〉として応用し、時代に合ったかたちでビジネスシーンで実践することで、ここぞというときの成果を発揮することができます。

　これらの〈暗記1.0〉と〈暗記2.0〉とを組み合わせ、長期にわたって実践し続ける〈暗記3.0〉が、結果的に人生をより豊かにし、夢を叶える「最強の暗記術」だといえます。
　また、短期間では形になりづらいものの、長いスパンでみたときに効果を発揮する暗記術もあります。
　本パートでは、夢を叶えるために長期にわたって実践すべき暗記術〈暗記3.0〉を紹介します。

ポイント 〈暗記1.0〉と〈暗記2.0〉を合わせた長期的暗記〈暗記3.0〉を駆使して夢を実現させよう！

世界の偉人伝を
まるまる暗記する

〈暗記1.0〉では、イメージで覚える「マンガ暗記術」について触れ、私自身もマンガ日本の歴史シリーズなど学習マンガを暗記するほど繰り返し読みこんだエピソードを紹介しました。

学習マンガは歴史上の人物や出来事を知識として暗記するのにも役立ちますが、実はそれ以外のもっと重要な効果もあります。それは、人生に長期的に役立つ教訓を、脳に刷り込んでくれることです。

特に、**偉人の生涯に焦点をあてた伝記マンガは、人生訓が凝縮した最高の教材**です。

私は、小中学生の頃、マンガ日本の歴史シリーズのみならず、日本や世界の歴史上の人物の生涯を記した伝記マンガもよく読んでいました。

それも暗記するほど読み込みましたが、そのときの記憶が今も残っています。

視覚と聴覚に障害がありながら、人一倍の努力によって大学を出て、教育や社会活動に活躍したヘレン・ケラ

一。耳が聞こえず、目も見えず、ものに名前があること
を知らなかったヘレンでしたが、サリバン先生がヘレン
の手のひらに水を流して、すぐに water の綴りを手の
ひらに書いてあげると、体中に電流が走ったように、手
に触れている冷たいものが water というものであるこ
と、そしてすべてのものには名前があることを知ったと
いうエピソードがあります。

この印象的なエピソードは強い記憶として、私の脳の
なかに暗記されています。

ヘレン・ケラーがどんなに困難があっても乗り越えて
成長していったこと、逆にサリバン先生が障害のあるヘ
レンに対して、あきらめず接して、多くのことを教えた
ことは、私の人生観や教育観に影響を与えてきました。

あるいは、坂本龍馬が泣き虫だった幼少期から剣術で
頭角を現し、脱藩して勝海舟や様々な人物たちと出会っ
て開眼し、薩長同盟を成功させたり、大政奉還の流れを
つくったりといった幕末の活躍は、やはり頭のなかにし
っかりと暗記されています。

脳に刻み込まれた偉人たちの生き様は、人生にとって
大きな糧になっています。困難に直面したときにも、ポ
ジティブであり続け、打開策を見出すまであきらめない
力を発揮するための、自分のなかのイメージになってい
ます。夢を追い続ければ叶うことを信じ抜いて、努力し

続ける力の源泉にもなっています。

　また、歴史上の偉人たちがとってきた行動が、具体的なヒントになることもあります。

　たとえば、薩長同盟をモデルとして、敵対するライバル同士の一致点を見つけ出し、連携協力させることで、大きなムーブメントを生み出すといった戦略を実務のなかで挑戦することもあります。いわば歴史上の人物の行動が、自分自身の意思決定やアイデアを出すためのケーススタディになっているのです。

　社会科の試験のために勉強した〈暗記1.0〉が、ビジネスの実践現場で役立つ〈暗記2.0〉となり、さらに長期にわたって人生に力を与える〈暗記3.0〉と進化していくのです。

　伝記マンガは子どもにも読みやすく、イメージとセットにできるので暗記にはもってこいのツールですが、実は大人が読んでも楽しめます。

　また、マンガでなくても、自伝や伝記、偉人の生涯を紹介した書籍を読むのでもよいです。

　偉人たちの生き様を暗記して、自分の思考パターンに血肉化することで、その偉人の生き方に近づいていくことができるのです。私は知らず知らずのうちに、小学生の頃から伝記マンガを通して、そういった人生の長期にわたって効く暗記術を実践していました。そして、今も

歴史上の人物から現代の成功者にいたるまで、人物の評伝をよく読むようにしています。好きな人物については、その人の人生を暗記するくらい何度も読みます。

　暗記の効果は、決して試験のための短期的なものだけに留まりません。暗記術を意識してデザインすれば、夢を実現させるために長期にわたって効果を発揮させられるのです。

ポイント 偉人たちの生き様を暗記し、
血肉化して大きな目標を突破する
第一歩にしよう!

人生に力を与える
「座右の銘」の暗記

　偉人の生涯すべてを暗記するのは、そうはいっても簡単ではありません。試験やビジネスにいつも使うわけではないので、日常生活のなかでの優先度は低くなり、いつしか忘れてしまうかもしれません。

　偉人の生涯を暗記することが私たちの人生にとって役立つのは、いざ困難に直面したときや、判断に悩んだりしたときです。そんなときに、**偉人の生涯を思い出し、人生のヒントとして役立たせるのによい方法として、「座右の銘」として短文で暗記しておくことです。**

　たとえば、私は幕末に活躍した長州藩出身の高杉晋作が好きです。高杉は、「おもしろきこともなき世をおもしろく」という句を詠んでいます。江戸時代末期、長きにわたって守られてきた徳川幕府の世に対して反旗を翻し、奇兵隊を立ち上げ倒幕の流れをつくりながら、短い人生を大いに楽しんだともいえる高杉晋作の生涯をよく表わした一句です。

　私にとって、高杉は尊敬する人物の一人ですが、この

句も座右の銘の一つです。

高杉の生涯と「おもしろきこともなき世をおもしろく」という言葉が与えてくれるインスピレーションが、自分の人生に力を与えてくれています。

たとえば、悩んだときに行動に移すための指針としたり、まじめに考え過ぎて保守的になってしまっているときに、もっと革命的になろう、そして遊び心を持とうと思い返したりするための言葉になっています。

私は教育を一つの専門軸としていますが、ただ一方的に教える堅苦しい教育では新しい時代を切り拓くのに十分ではない、学習者本人が自らの意思で楽しく学べるようにならなければならないと考え、「edutainment」という言葉をよく使っています。

「edutainment」とは、「education」と「entertainment」を組み合わせた造語です。ここから、『YouTube 英語勉強法』や『マンガ勉強法』などの発想が生まれ、本を出すまでにいたりました。この観点も、実は「おもしろきこともなき世をおもしろく」の座右の銘からインスピレーションを得ているのです。

もちろん、座右の銘は歴史上の人物の言葉でなくてもだいじょうぶです。今も生きている人でもよいし、実の親や尊敬する身近な人でもよいです。

もっといえば、好きな歌の歌詞でもよいのです。好き

な歌であれば、必ず覚えていますね。

　その暗記した言葉を、人生に力を与える座右の銘とします。

　たとえば、私は「ザ・ブルーハーツ」が好きで、歌はほとんどすべて暗記していますが、どれも悩んだときのヒントになり、人生の糧になっています。

　好きな歌を流行ったときに聴いて消費して終わりであれば、それ以上でもそれ以下でもありません。

　でも、好きな歌を座右の銘として暗記し、いざというときのヒントとして応用すれば、人生をより豊かにし、夢を叶えるための力となるでしょう。

　長い人生のなかで、様々な情報や知識は忘れてしまうことも多いです。

　一方で、座右の銘とする言葉は、一生涯にわたって何があっても忘れない言葉です。自分がピンチなときほど、悩んで苦しんでいるときほど、役に立ち、力を与えてくれます。

　そして、ピンチのときにどう対処できるか、失敗や挫折に対してどう立ち向かい乗り越えられるのかが、人生を成功に導き、最終的に夢を叶えられるかどうかを大きく左右します。

　座右の銘による〈暗記3.0〉は試験のスコアとしてすぐ

に結果が出るわけではありませんが、生涯をかけて長きにわたって、あなたの人生を救ってくれることでしょう。

　下記は私のおすすめ名言です。「座右の銘」探しの参考にしてみてください。

Stay hungry, stay foolish
　　　　　　　　　——スティーブ・ジョブズ
おもしろきこともなき世をおもしろく
　　　　　　　　　　　——高杉晋作
聖なる好奇心を失うな
　　　　　　——アルベルト・アインシュタイン
為せば成る 為さねば成らぬ何事も 成らぬは人の
為さぬなりけり
　　　　　　　　　　　　——上杉鷹山
特別なことをするために特別なことをするのではない、特別なことをするために普段どおりの当たり前のことをする
　　　　　　　　　　　　　——鈴木一朗

ポイント　生涯において自分を助けてくれる
「座右の銘」を見つけ、
自分のなかに持ち続けよう!

「成功事例の暗記」が最高の意思決定をもたらす

　試験を突破する勉強としての〈暗記1.0〉と、ビジネスに応用する〈暗記2.0〉、そして、それらを組み合わせて人生の長期にわたって役立たせるのが〈暗記3.0〉です。

　〈暗記1.0〉では、合格体験記を何度も精読して分析し、暗記戦略を立てたという話をしました。
　また、〈暗記2.0〉では、ケーススタディで、過去の事例を題材に自分ならどうするかを考え、意見をアウトプットとして出すこと、そして成功事例（や失敗事例）から学ぶことが、アイデアの創出や意思決定の際に使える引き出しを増やすのに役立つことを紹介しました。

　どちらも成功事例をとことん読み込んで、血肉化している作業だといえます。
　〈暗記1.0〉は明確な目標を持って、〈暗記2.0〉は来るべき様々な困難や場面に備えて、成功事例から学んでいるわけです。
　この成功事例を何度もたくさん読み込むという方法

は、長期的にも役立つ〈暗記 3.0〉の核心でもあります。

　偉人の生涯を伝記で読んだり、座右の銘を暗記したりといったことも、成功事例を自分の血肉にしているのです。

成功事例は挑戦するための勇気や力を与えてくれ、どのように行動すればよいのかヒントを与えてくれます。

　同じ目標に対する成功事例であれば、具体的でリアルな戦略や対策が分かります。

　どういったフェーズで、どういったことに注意すべきか、どういったことをすればうまくいくかが明確になります。目標や分野が異なる成功事例でも、何らかの示唆が与えられ、自分の目指していることとその成功事例が化学反応を起こして、逆に創造的な発想が生まれることもあります。

　成功事例は、理論や理屈では考えが至らないところまで思考のシミュレーションを促し、リアルで新しい発想を生み出す力を持っています。

　たとえば、ビジネス書を読むにしても、経営学理論の教科書的本を読むことも大切ですが、ビジネスで成功した人のリアルな経験談を読むと、得られる示唆によりリアリティが付加されます。

　尊敬する人や目指したい思う企業の成功事例をとこと

ん繰り返し読んで、結果的にそのストーリーを暗記する
くらい読めば、自分の頭のなかに様々な場面とそのとき
の行動がインプットされます。

　ただなんとなく流行っている本を受身で読書するとい
う姿勢ではなく、自分より先んじて成功した人のリアルな
事例を、すべて自分のものにしてやるという強い思いを持
って、暗記するくらい何度も繰り返し読み込むのです。

　さらに、ただ読むだけでなく、〈暗記2.0〉で紹介した
ように、ブログなどで書評を書くとよいです。

　アウトプットを行うことで、その成功事例が自分の脳
の引き出しに長期記憶され、いざというときに応用して
使える状態になるのです。

✎ 成功事例はスピーチの際のスパイスにもなる

　私は、スピーチやプレゼンなどの際にも、成功事例を
よく引き合いに出したり、成功者の印象的な言葉や行動
をキーワードとして使ったりします。

　それがスピーチを相手に印象付け、説得力を持たせる
スパイスになるのです。

　こういったネタも、成功事例を何度も読み込んでイン
プットし、書評などのアウトプットも行うことで、自分
の引き出しに暗記されているからこそ応用が可能になり
ます。

成功事例の引き出しが、人生のなかで何かに挑戦しているとき、ここぞというときに役立つヒントや力を与え続けてくれます。暗記するほど強烈にインプットされたものであるほど、意思決定の際の自信につながり、力強く前に進むための後押しになります。

ポイント

成功事例の暗記は
意思決定の際の
力強い味方になる。

欧米エリートは
世界最大の
ベストセラーを暗記する

　世界で史上最大のベストセラーは聖書です。

　旧約聖書はユダヤ教の経典に、旧約および新約聖書は
キリスト教の経典になっていますが、**宗教的な教えがま
とめられた書物というよりは、神と人間の物語、あるい
は人間同士の物語が綴られた書といったほうが分かりや
すいかもしれません。**

　いわば、人間とは何か、神とは何かという一大テーマ
に挑戦した、人類歴史を舞台にした大河ドラマシリーズ
のようなイメージです。

「はじめに神は天と地とを創造された。……神は『光あ
れ』と言われた。すると光があった。神はその光を見
て、良しとされた。」で始まる創世記の天地創造のくだ
りなど、文学作品としても一品であり、読者のイメージ
を喚起します。

　そうして、天地創造が第1日、第2日と続くわけで
すが、第6日目の人類の誕生はこうです。

「神は自分のかたちに人を創造された。すなわち、神の
かたちに創造し、男と女とに創造された。神は彼らを祝

福して言われた、『生めよ、ふえよ、地に満ちよ、地を従わせよ。また海の魚と、空の鳥と、地に動くすべての生き物とを治めよ』。……」

　科学的な正しさがどうかは別として、一つの壮大な物語として、この世界がどのように始まり、人類がどのように生まれ、自分がここに立っているのかを、強烈なイメージとして示しているのが聖書です。

✎ 欧米エリートと日本のトップ層との違いとは

　日本人には馴染みが薄いかもしれませんが、世界に出ると、多くの人がこの聖書のイメージを共通の物語として共有しています。

　私は発展途上国に行くことも多いですが、それこそアフリカの奥地でも、中南米でもそうです。**カトリックとプロテスタント、各宗派で教義や考え方の違いはありますが、神と人間の物語のイメージは共有しているのです。**

　また、ハーバード留学時に感じましたが、欧米のエリートの多くは聖書の物語を暗記しています。

　そして、節々に聖書を引用することで、共通の物語のイメージを共有します。

　日本人のトップ層と欧米のエリートの差がどこにあるかということを考えたとき、もちろん国際性や会議の場での発言力など様々挙げられますが、一つ大きいの

は、「人類史観」という大きな概念を持っているかどうかなのではないかと感じます。

東大卒の官僚などは賢いことは確かですし、本著のテーマである暗記力（ここでいう〈暗記1.0〉）が高いことも確かです。

ただし、大きな世界観や人類史観を持って、大所高所で物事をみて語れるかといったら、そういう人は少ないように思います。歴史といっても、日本史の流れで、明治維新によって近代化した日本が欧米列強に並んだこと、敗戦後の日本が奇跡的に復興しアジア諸国のモデルとなったことなどが語られるくらいです。

では、その近代とはどのように生まれたのか。科学と宗教の関係はどうだったのか。宗教自体の改革と葛藤はどうだったのか。それは過去の人類史と比すると、どうなのか。といったようなことは、日本人のエリート層が考えているような節はあまりないように思います。

一方、欧米のエリート層にとって、聖書の物語や西洋近代史は暗記して長期記憶に定着しているものなので、自然と発想の引き出しから出てくるようになっているように思います。

たとえば、経営学の父とも称されるピーター・ドラッカー。

もともとドイツ系ユダヤ人の家庭に生まれ、ナチスの

台頭とその危険を悟り、イギリスを経てアメリカに移住した経緯があります。

　彼の著作や思想には、節々に聖書やユダヤ教、キリスト教に対する知識や概念があらわれています。

『非営利組織の経営』（ダイヤモンド社）で、ドラッカーは以下のように語っています。

> 「無関心な人についてですが、キリストも使徒は12人しか選ばなかったことを思い出してください。60人選んでいたら何もできなかったでしょう。12人でさえ大変だったのです。『どうしてわからないのか』と何度もいいました。自ら選んだ優秀な若者たちにさえ、分からせるのには時間がかかったのです。」

　これは理事会の活性化をテーマに語っているときの話で、多すぎる人たちに一斉に語りかけるのではなく、リーダー的な人たちに働きかけなければならないことの例えを、イエス・キリストが12使徒という少数の人たちを選んだことを引き合いに出しています。

　キリストの活動を一つのケースとして事例に挙げているということです。日本人にとって馴染みがないかもしれませんが、欧米人の知識層にはなるほどと思わせる共通の物語なわけです。

共通の物語を暗記し、頭の引き出し、あるいは心の引き出しに備えていると、いざというときの力になり、ヒントになります。欧米社会の場合、その一つが聖書だといえるでしょう。

　欧米エリートにとって聖書がそうであるように、一昔前の日本人の知識層や経営者にとっては、『論語』が共通の土台でした。また、日本史のなかで、日本が欧米列強に屈せずに近代化を成し遂げた明治維新の経験が、日本人の間の共通の物語として暗記され、戦後の復興を牽引していくリーダー層にも影響を与えたでしょう。

　実は、人生の様々な困難を乗り越えるには、心の拠り所となる物語の暗記が役に立つことがあります。
挫けそうになったとき、あきらめそうになったとき、力を与えてくれるのは暗記するほど読み込んだ自分にとっての軸となる物語です。キリスト教文化圏の多くの人にとってそれが聖書だったりしますが、人によってその物語は異なります。どんな物語だったとしても、自分自身にとっての「バイブル」を持つことは、人生に大きな影響を与えることでしょう。

ポイント　心の拠り所となる物語を暗記して、人生の困難を乗り越える武器にしよう！

「座右の書」は
年に一度は読み、
勝ちパターンを刷り込む

　自分に特別な勇気やたくさんのヒントを与えてくれるような本に出会えたのなら、それを「座右の書」として生涯にわたって大切にすべきです。

　昨今は、どちらかというと多読や速読が注目されており、それはそれでキーワードや引き出しを増やすという点で有効ではあります。

　一方で、一冊の本を暗記するくらい、何度も繰り返し読むことも、実はとても大事なことです。

　先ほどは、座右の銘を暗記することが人生に力を与えてくれることについて述べました。

　さらに一歩進んで、**座右の書は、よりたくさんのメッセージが散りばめられ、具体的なストーリーを読んで追体験することができる効果を持っています。**

　また、座右の書を読むことで、人生の軸を強固にし、夢や目標に向けた原点に立ち返ることができます。

　人生は長期戦であり、社会はその間にめまぐるしく変

わります。時代の変化のスピードは加速し、キャッチアップしなければならない情報もどんどん変わってきます。人間の脳は新しい情報を脳にインプットすると、古い知識は忘れていくようにできています。

また、日々の忙しさのあまり、自分が本当に大切にしていることが意識から遠く離れてしまうこともあります。

✎ 新しい本だけでなく1冊の本を何度も読む

そんなときにこそ、人生の軸であり、羅針盤となるものに立ち返る必要があります。

私は、**座右の書を1年に1度は読むことをおすすめします**。たとえば年末年始の冬休み、新年の目標を立てるときに、必ず座右の書を読み返します。

その目標は机上のものではなくなり、より具体的で生涯の夢とリンクした強い目標になるでしょう。

あるいは、困難に直面したときや、判断に悩んでいるとき、転職や人事異動などで新しい環境になったときなど、座右の書を読むことで、人生の軸に立ち返ることができます。読むタイミングや置かれている状況によって、新たな発見を得たり、状況に応じた具体的なヒントが得られるでしょう。

座右の書を毎年読み続けると、いつの間にか、自分の

頭のなかに暗記されます。血肉化されるのです。

　そうなると、悩んでいるときや苦しいときに必要な言葉やストーリーが、座右の書から自然と自分の頭のなかに浮かんできます。

　仕事で何らかのヒントがほしいときも、似たような場面があの本のあのページにあったはずと思い出し、その箇所を読んでみるとインスピレーションが与えられたりします。

　いわば自分の頭のなかに、このときはこうだという勝ちパターンができあがり、どんな困難も乗り越えられる力がつくのです。

　新しい知識や情報を得るために、たくさんの本を読む

人は多いです。でも、一つの本を何度も繰り返し読む人は少ないのではないでしょうか。

〈暗記3.0〉は長期戦である人生をより豊かにし、最終的に夢を叶えるための暗記術です。

　長期の暗記術で効果を発揮するのは、長期にわたって何度も反復することです。一つの書籍でも、毎年必ず1回読んで、それを10年、20年と生涯にわたって続ければ、その本に書いてあることの大半を実現できるようになるでしょう。

ポイント　座右の書となるものを見つけ
夢を叶えるための
「生涯の友」としよう!

人生の50年計画と
5ヶ年計画を暗記する

　私は夢を叶えるために、人生50年計画を持とうということをよく語っています。これは、ソフトバンク創業者の孫正義氏から受けた影響です。

　孫氏は、「人生50年計画」として、「20代で名乗りを上げ、30代で軍資金を最低1000億円貯め、40代でひと勝負し、50代で事業を完成させ、60代で事業を後継者に引き継ぐ」ということを初めから考えていたそうです。

　実際に、10代でアメリカ留学したのちに、20代で起業し、30代でソフトバンクを成長させ、40歳前で米Yahoo社と合弁でヤフー株式会社を設立、40代で携帯電話事業に参入、50代でiPhoneの日本における初期独占販売で成功し、海外企業の買収も積極的に行っています。

　いまやソフトバンクグループの時価総額は16兆5千億円（2020年12月24日現在）と、日本企業としてはトヨタに次ぐ第2位です。

　孫氏の頭のなかに「人生50年計画」が描かれていな

ければ、そしてそれを暗記するほど強烈に頭に刻み込んでいなければ、今のソフトバンクはなかったのかもしれません。

✏️ 思いだせない計画は「実現しない計画」

　孫氏の事例は壮大過ぎるかもしれませんが、**自分なりの人生50年計画を持ち、そしてそれを自分で暗記するくらい強烈に脳にインプットすることが夢を実現する一歩になります。**

　何も見ないで、いつでも、誰にでも語れるくらい暗記できている人生50年計画があれば、それは明確なビジョンになっているということです。

　逆に、**紙を見なければ、どんな計画になっているのか忘れてしまうようなものは、だいたい実現しない計画です。**

　長い人生で、時代の変化も激しいなかで、遠い未来の細かい計画は意味をなしません。

　だからといって、未来に対して何も思い描かないのであれば、夢も何もありません。

　なんとなく周りに流された人生になってしまうでしょう。

　細かくなくても明確に、人生のスパンを区切り、50年計画を立てます。

　そして、それを紙に書いた後には、諳（そら）んじて話せるよ

うに暗記してみてください。

　その計画は机上の空論ではなく、自分の信念となり、人生の指針となるはずです。

　さらに私がおすすめするのは、もう少しだけ細やかで具体的な中期計画を立てて、それも暗記することです。

　3年か5年、または長くて7年くらいがよいでしょう。自分の今のポジションや役割、所属先が続くだろう期間に為し遂げたいことを中期計画として立てます。

　これも詳細については、やりながらPDCAを回して調整していくことになりますが、3〜7年後の目標やそのための年間ごとの推移、取り組むことを明記します。

　この中期計画も、事業計画書を見ないと思い出せないというのでは、到底実現できないでしょう。

　計画書を見なくても、暗記して覚えているくらい頭に叩き込んでこそ、はじめてその計画は実現を真剣に目指した指針になるのです。

　3〜7年くらいの中期計画であれば、会社でもつくっているところはあると思います。それも暗記するくらい頭に叩き込めば、あなたはその会社の中心的存在になれるかもしれません。

　ただ、本著でおすすめしたいのは、「自分自身の人生の5ヶ年計画」を立てて、暗記することです。

　自分の人生は他の誰かが計画を立ててくれるわけでは

ありません。夢に向かった50年計画と、それをより具体化させた5ヶ年計画を明確に立て、それを暗記するくらいに頭に叩き込めば、そのうちの多くのことは実現可能性が高まります。

〈暗記3.0〉は暗記の力を、夢の実現に向けて応用することです。

計画を立てるだけでなく、
頭に叩き込んで
計画の実現性を高めよう！

自分の信念を
強固にし、夢を叶える
〈暗記3.0超まとめ〉

イチローは、「特別なことをするために特別なことを
するのではない、特別なことをするために普段どおりの
当たり前のことをする」と語っています。

本著で紹介してきた暗記術も、決して特別な魔法のよ
うな方法ではありません。

〈暗記1.0〉は、試験に合格し、語学を修得すべく、で
きるだけ効果的に、そして楽しく暗記をするための短期
的な暗記術ですが、それでも地道な繰り返しが必要不可
欠であることも事実です。

暗記のための当たり前のことを続けることが、具体的
な結果となり、大きな成果につながります。どんな試験
も突破でき特別な実績を手にすることができるでしょう。

〈暗記2.0〉は、勉強法としての〈暗記1.0〉で培った
力を、ビジネスなど実践の場でも応用する暗記術です。

知識を記憶するためのインプット暗記術だけでなく、
記憶したことを外部に発信し、ビジネスなどで実践応用
するためのアウトプット暗記術です。

効果的な自己紹介や事業紹介、スピーチやプレゼンの

暗記、事業のアイデア出しや意思決定のためのケースの暗記などによって、実践的な成果を出すための暗記術です。これまで暗記術としてあまり意識されてきませんでしたが、時代の変化に伴ってより重要になってくるでしょう。ビジネスで成果を出すために基礎的で当たり前のことでもあり、おろそかにされがちですが、実はビジネス現場で実践することで、上司や取引先からの評価が高まり、売上や給与の向上にも直結します。

　結果的に、やりたい仕事や実現したいと思ったことができるようになり、夢を叶えるための大きな力になるのが〈暗記2.0〉です。

〈暗記3.0〉は、当たり前を一生涯の長期にわたって続けることです。〈暗記1.0〉によって、必要があるたびに具体的な試験を突破し続け、〈暗記2.0〉によって、ビジネスでも成果を出し続けます。暗記術を活用したインプットとアウトプットをたえず繰り返すことで、長期的に使える暗記の引き出しを増やし、自分自身の使える知識を広げ、深めます。

　そして、生涯を通して実現したい夢や目標に向かっても暗記術を活用します。長い人生において、様々な困難に直面したり、面倒になってあきらめたくなったり、自分の目指していたことを忘れたりしそうになるときがあります。そんなとき、力を与えてくれる言葉や、尊敬する人物のストーリー、他の成功事例、そして自分自身の

夢に向けた計画などを思い出して前に進みます。忘れられないほど脳に刻まれたことは、血肉となって自分の生涯に影響を与え続けるでしょう。

　最終的に夢を叶えるには、夢を忘れないことです。夢を実現するためにやるべき当たり前のことを、暗記して脳から離れさせなくすることです。

　人間の脳は、必要ないと思ったことはいつか忘れてしまいますが、本当に大事だと思ったことはいつまでも決して忘れません。

　自分にとって本当に大事だと思うことに対して、意識してインプットとアウトプットを実践するようにデザインすることで、人生は豊かになり夢は叶うでしょう。

　最強の暗記術を実践し、あなたの夢を実現させてください。

最強の暗記術で
目標も夢も実現させよう

　私には5人の子どもたちがいます。

　子どもの吸収力たるや驚くべきほどで、少し前までアーとかウーとかしか言えなかったのに、いつの間にか言葉を覚えて、そうこうするうちに自分の好きなものは、マニアの領域まで覚えてしまいます。子どもは暗記の天才だとつくづく感じます。

　長男は生き物が大好きです。小さい頃から一緒に公園に出かけては、虫探しをして、ダンゴムシでも、コガネムシでも、ムカデでも、どんな虫でも見つけては興奮していました。昆虫や動物、魚や鳥など様々なDVDを買ってあげると、何度も繰り返し視聴して、文字も読めない3歳の頃から、すべて覚えていました。

　また、図鑑も買ってあげると、自分で読むようになり、聞いたこともないような種の名前や特徴などをいつの間にか覚えていました。大人が読んでも難しいような生き物の新書を読んだりしており、4年生になった今では「博士」の領域になっています。

　小学校では、クラスのみんなの前で1分間スピーチを

する機会があるそうです。そのスピーチ内容も、生き物の特徴などを話したり、外来種を駆除して固有種を守るための方法を話したりしています。

　自分でスピーチ原稿を考えてノートに書き、練習して覚えて発表しています。

　5人の子どもたちは、それぞれ性格も好きなことも違いますが、自分の好きなことは何度も繰り返して覚えてしまうという点では共通しています。

　子どもは暗記の天才であり、人は誰もがかつて子どもでした。

　人間は忘れやすい生き物ですが、それと同時に、元来は暗記の才能を誰もが持っているはずです。

　そして、その才能をとことん花開かせることで、人生はより豊かになり、夢を叶えるための道を前進し続けられるのだと思います。

　暗記術というと、一見、既に語りつくされてしまっており、また技術革新と時代の変化に伴って、必要性がなくなる古いテーマなのではと感じる人もいるかもしれません。

　でも実は、**暗記すべき内容や、その方法は時代によって変化したとしても、暗記力は必ず必要であり、その力を効果的に活かす人こそが人生をより豊かにできるのです。**

　私自身が、本著でまとめた暗記術を実践することで、

東大やハーバード大学院に合格し、ビジネスでも成果を出す力としてきました。目標を達成し続け、夢の実現へと前進し、人生がより豊かになっています。そして、未来の社会を担う子どもたちの姿をみていると、暗記する内容そのものよりも、暗記力を持っていること、暗記術を修得していることが、必ず人生を切り拓くのに大きな力になるであろうことを実感しています。

　本著では、これまでよく語られてきた試験や語学などのためのインプット暗記術を〈暗記1.0〉と定義し、その方法をより具体的に、誰もがすぐに実践できるように紹介しました。また、ビジネスなどにも応用実践できるアウトプット暗記術を〈暗記2.0〉という新しい概念で提示しました。そして、長期にわたって〈暗記1.0〉と〈暗記2.0〉を組み合わせて、夢を叶える力とするのが〈暗記3.0〉であり、「最強の暗記術」です。

　本著は、1回読めばそれで終わりというものではありません。短期、中期、長期にわたって実践できる暗記術を紹介しているので、時間が経ったら何度も読み返して、そのときの目的に合わせて実践してみてください。

　この本が、新しい時代にふさわしい「暗記術のバイブル」となり、読者の皆さんが人生の様々な場面を突破し、夢を叶えていく一助になることを願ってやみません。

　最後に、本著のアイデアを一緒に考え、編集いただい

た大和書房の大野洋平さん、アップルシード・エージェンシーの梅井理恵さんにこの場をお借りしてお礼申し上げます。

　また、暗記術のヒントをたくさんくれた、暗記の天才である5人の子どもたちと、子どもたちのよき教師であり、忘れっぽい私をいつもカバーしてくれる妻にも、ありがとうと伝えたいです。近いうちにこの本を子どもたちが読んで実践してくれることを願っています。

　本著は読んで満足して終わりではありません。
　実践してこそ意味がある本であり、実践すれば必ず効果を発揮します。勉強でも、ビジネスでも必ず成果が出ます。まずは小さな一歩でも始めて成果を実感しながら、最終的に皆さん一人ひとりがぜひ夢を叶えてください。

2018年夏
本山勝寛

文庫のためのあとがき

　私は昔から文庫が好きです。

　学生時代にお金がなかった頃、価格的に入手しやすい文庫本を中心によく読んでいました。古本屋でかなり安くなっている文庫も多く、まとめ買いして読んでいました。文庫になっている本の多くは、長く読まれ続けているようなロングセラーで、いわゆるその分野で古典といわれるものが多いです。

　私の座右の書は、内村鑑三の『代表的日本人』（岩波文庫）や、童門冬二の『小説 二宮金次郎』（集英社文庫）などですが、これらも文庫本になっています。東大で1番読まれた本としてロングセラーとなり、私自身も愛読してきた外山滋比古の『思考の整理学』（ちくま文庫）も、やはり文庫です。

　そんな大好きな文庫の一角に、本著『最強の暗記術』もラインナップすることになりました。2018年に単行本が出版されて以来、たくさんの方々に読まれ続けていただいているからだと思います。より安く、より入手しやすく、より長く読んでいただける文庫になったことで、より多くの方にこの本の内容が届くことを願っています。

　本著のPart.3＜暗記3.0＞で、自分が生涯にわたって大切にする座右の書を1年に1度は読み続けることで、その内容が頭のなかに暗記され、血肉化され、人生を切り拓く力になるということを書きました。

　『最強の暗記術』も、実は座右の書にしていただきたいくら

い、長く何度も読んでいただきたい本です。資格や語学、受験などで結果を出したいときに、その都度読み返して、＜暗記1.0＞を具体的に実践することができます。またビジネスや様々なシーンでも、暗記をアウトプットに応用実践するための＜暗記2.0＞は、時代が変化するにつけ、益々重要になってきています。そして、夢を叶えるための長期的暗記術である＜暗記3.0＞は、まさに生涯にわたって意識していただきたい内容です。

　暗記という本のジャンルがあるとしたら、『最強の暗記術』は「暗記の古典」として長く読み継がれてほしいという強い想いをもって書いた本です。勉強に悩む子どもや学生が、そもそもの勉強の仕方、暗記の具体的なテクニックを学ぶ本として。あるいは、実践的なアウトプットが求められるビジネスパーソンが、暗記術をどのように応用実践するかを考えるヒントとして。そして、暗記という人間のもつ力を使って、人生を豊かにし、夢を叶えるための生涯の糧として。

　最強の暗記術は、一度読んで終わりの本ではありません。ぜひ一つ一つの内容を、実際にあなた自身が実践してみてください。そして、インプットとアウトプットを繰り返し、生涯にわたって暗記術を駆使し、学び続け、目標を達成し続けてください。そして、あなた自身の夢を叶える一助としてください。

　為せば成る、為さねば成らぬ何事も。成らぬは人の為さぬなりけり。

2021年正月
本山勝寛

暗記1.0

001

「明確なゴール」と「具体的な達成期日」など、暗記目標を設定する。

002

「好きなこと」を暗記して、成功体験を重ねる。

003

7回ほどの速い繰り返しが効果的。

004

意識的に五感をフル活用すると、記憶の定着率は格段にアップする。

005

学習マンガを読む、絵を描く、など、暗記対象物を「楽しく」覚える。

006

苦手な英単語や覚えにくい用語は「画像」と一緒に覚える。

007 ──────────────────────────────

「数字」や「漢字」はゴロ暗記術で楽しく効率的に。

008 ──────────────────────────────

お風呂のなかや散歩中に歌を口ずさみながら覚えてみる。

009 ──────────────────────────────

スキマ時間の1つを暗記時間にする。

010 ──────────────────────────────

歩きながらリラックスした状態の暗記は効果大。

011 ──────────────────────────────

自然と目に触れる場所に覚えたいものの付箋を貼る。

012 ──────────────────────────────

「遊び感覚」で学習系スマホアプリを活用してみる。

013 ──────────────────────────────

ロジックを理解しておくと長期記憶になる。

014 ──────────────────────────────

定期的なテストを計画のなかに盛り込む。

015 ──────────────────────────────

「1日30分の暗記を2週間」をまず目標にして、生活のなかに取り入れる。

024

勉強時間がないときは合格基準を見て「やらないこと」を決める。

025

〈暗記 1.0〉を実現して、難しいと思える目標でも挑んでみる。

暗記 2.0

001

暗記力とは「キーワードと参照元」の引き出しの多さ。

002

「暗記力」はビジネスにも応用できる。

003

徹底したインプットと即アウトプットする場を増やす。

004

誰かに教えてあげると、自分の長期的な学びにもつながる。

005

書評によるアウトプットをまずは月1で継続的に行ってみる。

006

自分の知識をブログに書きためて、いつでも引き出せるようにする。

007

魅力的な自己紹介は暗記という「準備」で決まる。

008

スピーチは「ストーリーとイメージ」を押さえる。

009

多くのケーススタディから、実務で使える引き出しを暗記する。

010

自分を印象付けたいならSNSのアイコンを「自分の顔」にしてみる。

暗記 3.0

001

長期的暗記術〈暗記3.0〉を駆使して夢を実現させる。

002

世界の偉人の人生を暗記し、自分自身の生き方の糧にする。

003

生涯において自分を助けてくれる「座右の銘」を見つける。

004

成功事例の暗記は意思決定の際の力強い味方になる。

005

心の拠り所となる物語を暗記して、人生の困難を乗り越える武器にする。

006

座右の書となるものを見つけ夢を叶えるための「生涯の友」とする。

007

計画を立てるだけでなく、頭に叩き込んで計画の実現性を高める。

参考文献 （※順不同）

『毎日コーヒーを飲みなさい。』（岡希太郎著　集英社）

『スティーブ・ジョブズ 驚異のプレゼン』（カーマイン・ガロ著、外村仁解説、井口耕二訳　日経BP社）

『もしも、あなたが「日本経済新聞社社長」「国際協力機構（JICA）理事長」ならばどうするか？』（ビジネス・ブレークスルー大学出版総合研究所編著、大前研一監修　ビジネス・ブレークスルー大学出版）

『非営利組織の経営』（P.F. ドラッカー著、上田惇生＋田代正美訳　ダイヤモンド社）

『YouTube 英語勉強法』（本山勝寛著　サンマーク出版）

『頭がよくなる！マンガ勉強法』（本山勝寛著　SBクリエイティブ）

『聖書 口語訳』（日本聖書協会）

『プレジデントファミリー 2012 年 12 月号』（プレジデント社）

『Science 2008 年 2 月 15 日号 Vol.319 "The Critical Importance of Retrieval for Learning"』（Jeffrey D. Karpicke , Henry L. Roediger）

『British Medical Journal 2017 年 "Moderate alcohol consumption as risk factor for adverse brain outcomes and cognitive decline: longitudinal cohort study"』

株式会社明治 「みんなの健康チョコライフ：チョコレート摂取による健康効果に関する実証研究」（https://www.meiji.co.jp/chocohealthlife/news/research.html）

不二製油株式会社 「ブレインフードとしての大豆ペプチド：大豆ペプチド摂取による脳神経保護作用」（https://www.fujioil.co.jp/healthy_soy/peptide/04/）

東邦大学理学部生物学科神経科学研究室 増尾好則 「ストレスと脳」（https://www.toho-u.ac.jp/sci/bio/column/029758.html）

本作品は小社より二〇一八年八月に刊行されました。

本山勝寛（もとやま・かつひろ）
日本財団子どもサポートチームチームリーダー兼人材開発チームチームリーダー。
東京大学工学部システム創成学科知能社会システムコース卒業、ハーバード教育大学院国際教育政策修士課程修了。小学校から高校まで地方の公立学校に通い、独学だけで東京大学、ハーバード大学院に合格する。理系から文系、工学から教育学まで幅広く学ぶ。アジア最大級の国際NGOである日本財団で、世界30カ国以上を訪問。教育や人権、国際協力、障害者支援、パラリンピック支援、貧困対策事業を手がける。5児の父親で、これまで育児休業を4回取得。ブロガーとして独自の子育て論、教育論を「BLOGOS」などで展開し、話題を呼ぶ。オンラインサロン「本山ソーシャルイノベーション塾」（MSI塾）を主宰し塾長を務める。『最強の独学術』『自力でできる子になる好奇心を伸ばす子育て』（共に大和書房）、『16倍速勉強法』（光文社）、『そうゾウくんとえほんづくり』（KADOKAWA）など、「学びの革命」をテーマに著書多数。

最強の暗記術（さいきょうのあんきじゅつ）
あらゆる試験・どんなビジネスにも効く「勝利のテクニック」（しょうり）

著者　本山勝寛（もとやまかつひろ）
©2021 Katsuhiro Motoyama Printed in Japan
2021年2月15日第1刷発行

発行者　佐藤 靖（やすし）
発行所　大和書房（だいわ）
東京都文京区関口1-33-4 〒112-0014
電話 03-3203-4511

著者エージェント　アップルシード・エージェンシー
フォーマットデザイン　鈴木成一デザイン室
本文デザイン　荒井雅美（トモエキコウ）
本文イラスト　須澤彩夏
本文印刷　厚徳社
カバー印刷　山一印刷
製本　ナショナル製本

ISBN978-4-479-30855-3
乱丁本・落丁本はお取り替えいたします。
http://www.daiwashobo.co.jp